CW01072611

byd y nofelydd

byd y Nofelydd

gol. Sioned Puw Rowlands

cyfweliadau gydag awduron cyfoes o Gymru

y Lolfa

Argraffiad cyntaf: 2003

℗ Hawlfraint Y Lolfa Cyf. a Sioned Puw Rowlands, 2003

Diolch i'r awduron am eu cydweithrediad

*Mae hawlfraint ar gynnwys y llyfr hwn ac mae'n anghyfreithlon i lungopïo
neu atgynhyrchu unrhyw ran ohono trwy unrhyw ddull ac at unrhyw bwrpas
(ar wahân i adolygu) heb ganiatâd ysgrifenedig y cyhoeddwyr ymlaen llaw.*

Dylunio'r clawr: Ceri Jones

Cyhoeddwyd gyda chymorth ariannol Cyngor Celfyddydau Cymru

Rhif Llyfr Rhyngwladol: 0 86243 677 X

Cyhoeddwyd ac argraffwyd yng Nghymru
gan Y Lolfa Cyf., Talybont, Ceredigion SY24 5AP
e-bost ylolfa@ylolfa.com
gwefan ylolfa.com
ffôn (01970) 832 304
ffacs 832 782

cynnwys

cyflwyniad

Pan ofynnwyd i mi gan Y Lolfa i olygu cyfrol o gyfweliadau gyda nofelwyr, wnes i ddim meddwl dweud 'na'. Mewn rhyw ystyr, roeddwn yn edrych ymlaen am esgus i ddod i adnabod gwaith rhai o nofelwyr Cymru yn well, ac yn fwy na dim, i ddod i'w hadnabod yn bersonol. Gall fod yn hawdd disgyn i rigol a gadael i ragfarnau – sydd wedi cael amser i geulo dros flynyddoedd o ddarllen erthyglau ac adolygiadau a gwrando ar bobl yn mân-siarad – liwio syniadau rhywun, nid dim ond am awduron, ond am eu gwaith hefyd. Ac ar adegau, ar ôl clywed enw neu deitl, a gweld clawr llyfr gynifer o weithiau, mae'n hawdd meddwl bod rhywun wedi darllen nofel ac yn hen gyfarwydd â gwaith rhywun pan nad yw wedi gwneud y fath beth. Meddyliais am y gyfrol felly fel cyfle i ailddarllen ac ailfeddwl.

Un o'r pethau oedd yn fy mhoeni, serch hynny, oedd sut i beidio â diflasu'r awduron gyda fy nghwestiynau. Wedi'r cwbl, mae ysgrifennu yn un peth, a thrafod ysgrifennu yn beth cwbl wahanol; nid yw'r rhwyddineb i wneud y naill yn golygu'r gallu a'r diddordeb i wneud y llall o angenrheidrwydd. Hefyd, gall cwestiynau o du'r darllenydd swnio'n rhyfedd ac amherthnasol i awdur. Golygfa sy'n dod i'r cof sy'n crisialu hyn yw Peter Florence, Cyfarwyddwr Gŵyl y Gelli, yn cyfweld triawd o awduron ifanc 'Ewropeaidd' yng Ngŵyl y Gelli, yn eu mysg Rachel Trezise, o dde Cymru, awdur *In and Out of the Goldfish Bowl*. Roedd ei hatebion didwyll unsillafog i gwestiynau hirfaith a chymhleth Peter Florence, a'r ffaith ei bod yn ateb y cwestiynau hyn yn llythrennol, fel petai'n siarad â Peter Florence, ac nid cynulleidfa, yn dangos mor amherthnasol mae'r dull o hyrwyddo llyfrau ac awduron trwy gwestiynau a thrafodaeth yn gallu bod.

Roeddwn hefyd yn poeni braidd am ddarllenwyr y gyfrol hon, yn poeni sut yr oeddwn yn mynd i ofalu nad oedd deg cyfweliad, un ar ôl y llall, yn mynd yn boenus o undonog, yn diwn gron. Ceisiais amrywio fy ffordd o holi i siwtio pob awdur yn ei dro, gan ddefnyddio amrywiaeth o gyfryngau – cyfweliadau wyneb yn wyneb, ar yr e-bost ac, ambell dro, droednodiadau dros y ffôn. Mae hynny i'w weld yn yr amrywiaeth arddull. Mae ambell gyfweliad yn gweithio'n dda, yn taro'r nodyn cywir, tra bod ambell un arall yn dyst i fy methiant i, fel Peter Florence, i sefydlu perthynas hwylus â'r awdur ac i ddod o hyd i'r cyfrwng cywir i dynnu geiriau o enau.

Mae'n siŵr y bydd nifer yn holi pam dewis y deg awdur hyn, ac nid ambell un arall mwy toreithiog a mwy enwog. Nid pwrpas y gyfrol yw bod yn ffenest siop i awduron gorau Cymru, ond codi cwestiynau am y broses o ysgrifennu ac o fynd ati i lunio nofel. Dewisais amrywiaeth o nofelwyr er mwyn cael amrywiaeth o brofiadau. Ceisiais hefyd ofyn y cwestiynau hynny sy'n fy nghosi i pan fyddaf yn amgyffred ysgrifennu nofel, ac yn teimlo'n rhy dwp i holi a chodi'r ffôn, ac yna, mewn penbleth yn troi at rywbeth arall. Mae'n debyg fy mod yn teimlo, fel Rachel Trezise yn y Gelli, nad oes pwrpas i gwestiynau oni bai fod rhywun wirioneddol eisiau clywed yr

ateb, ac oherwydd hynny, mae'n anorfod fy mod yn holi rhai cwestiynau efallai nad ydynt o ddiddordeb i lawer iawn o ddarllenwyr. Yr unig amddiffyniad sydd gen i i hynny yw y byddai cyfrol o gwestiynau di-wraidd nad ydynt yn codi ohonof wedi creu cyfrol fwy diflas, er fy mod wedi ceisio cadw'r ddysgl yn wastad a pheidio ag anghofio nad ond y fi fyddai'n darllen yr atebion.

Fe wnaethpwyd y cyfweliadau dros gyfnod o ddeuddeg mis, rhwng 2001 a 2002 ac, yn anorfod, mi fydd ambell ffaith wedi dyddio erbyn i'r gyfrol ymddangos. Hoffwn ddiolch i'r deg awdur am fod mor hael gyda'u hamser, ac mor amyneddgar, a hefyd i Lefi Gruffudd, Mared Roberts a Robat Gruffudd, Y Lolfa, am eu hanogaeth a'u cymorth parod.

Sioned Puw Rowlands
Haf 2003

aled islwyn

Ganwyd Aled Islwyn yn 1953 ym Mhort Talbot. Bu'n gweithio fel athro a golygydd (Gwasg y Dref Wen) cyn mynd yn Swyddog i'r Wasg i S4C. Cyhoeddodd naw o gyfrolau, gan gynnwys barddoniaeth (*Dyddiau Gerwyn*, 1977) a dwy gyfrol o straeon byrion (*Unigolion, Unigeddau,* 1994, enillydd Gwobr Llyfr y Flwyddyn Cyngor Celfyddydau Cymru, ac *I Lawr Ymhlith y Werin,* 2002). Cyhoeddodd ei nofel gyntaf yn 1977 (*Lleuwen*), a'r un ddiweddaraf yn 2001 (*Am Fod Seth yn Angel*). Enillodd ei drydedd nofel Wobr Goffa Daniel Owen yn Eisteddfod Genedlaethol 1980. Gwnaeth enw iddo'i hun fel nofelydd arbrofol, amrywiol iawn ei arddull, ac mae ei nofelau'n adnabyddus am eu hymdriniaeth seicolegol.

Pam wnaethoch chi ddechrau ysgrifennu?

Dyma'r cwestiwn anoddaf o ddigon. Does gen i ddim syniad beth wnaeth imi ddechrau ysgrifennu. Roeddwn i'n arfer difyrru fy hun drwy greu ambell stori neu rigwm pan oeddwn i'n blentyn ond beth oedd yr ysgogiad bryd hynny, wn i ddim. Mae creu stori yn gyfystyr â chreu byd cyfan, ac efallai fod arnaf awydd creu 'maes chwarae' lle y câi fy nychymyg gadw reiat a rhedeg yn rhemp. Pwy a ŵyr? Erbyn hyn, rwy'n credu mai ysgrifennu yw'r unig symptom o'm gwallgofrwydd sy'n gymdeithasol dderbyniol.

Ym mha ffyrdd eraill mae'r gwallgofrwydd hwn yn ei fynegi ei hun?

Mae'n anodd dweud!

Ilun Jeff Morgan

Rydych newydd gyhoeddi eich wythfed nofel. Aeth pum mlynedd heibio ers eich cyfrol ddiwethaf, sef *Llosgi Gwern (1996)*. Pryd ddechreuoch chi ar y gwaith o ysgrifennu *Am Fod Seth yn Angel*? Beth oedd amgylchiadau'r ysgrifennu? Oedden nhw'n wahanol iawn i'r amgylchiadau pan oeddech chi'n ysgrifennu'ch cyfrolau eraill?

Ar wahân i'r ffaith bod gwallt ar fy mhen tra oeddwn i'n ysgrifennu fy saith nofel gyntaf, doedd dim byd o gwbl yn wahanol rhwng ysgrifennu *Am Fod Seth yn Angel* a'r lleill. Dechreuais arni yn ystod haf 1995 a chyflwynwyd hi i'r wasg yn ystod hydref 1999.

Mae rhai wedi awgrymu eich bod yn ysgrifennu nofelau sydd yn oedi gydag agweddau tywyll bywyd, a bod darllen eich gwaith yn gadael blas drwg ar ei ôl (nid o angenrheidrwydd mewn ystyr negyddol!). Ydi hynny'n eich synnu fel ymateb?

Go brin fod angen imi ddweud fod 'agweddau tywyll bywyd' yn faes llafur cyfarwydd i bob math o weithgareddau creadigol erioed. Ond ar ôl dweud hynny, dwi ddim yn siŵr fy mod i wedi ymdrybaeddu mwy na fy siâr yn y düwch. Rhydd i bawb ei farn, wrth gwrs! Ar ddiwedd y dydd, dwi'n ddiolchgar am bob ymateb didwyll a deallus.

Beth am y disgrifiad ohonoch fel rhywun sydd yn ysgrifennu am gymeriadau ymylol cymdeithas?

Ches i erioed fy nenu i ysgrifennu am neb ar sail statws swydd, gallu i greu golud neu aelodaeth o'r un dosbarth cymdeithasol. A than i eraill sôn, doeddwn i erioed wedi meddwl am fy nghymeriadau fel pobl ymylol cymdeithas. Maen nhw'n gwbl ganolog i mi.

Fyddwch chi'n meddwl am eich hun fel awdur gwleidyddol, neu ai disgrifiad gwell yw mai chwilio am gymeriadau a thestunau diddorol rydych chi?

Mae gwleidyddiaeth ymhlyg ym mhopeth. Fe ddysgodd fy hen athro Saesneg, Gareth Miles, hynny imi yn yr ysgol flynyddoedd maith yn ôl, gan weddnewid fy null o ddarllen ar y pryd a chyfoethogi fy mywyd am byth. Efallai nad ydw i'n awdur sy'n mynd i'r afael â gwleidyddiaeth gyfundrefnol, ond mae'r bobl rwy'n dewis ysgrifennu amdanynt bron yn ddieithriad yn bobl sy'n brwydro i ddeall sut y gallan nhw ddod o hyd i'w lle o fewn cymdeithas. Mae'n ymhlyg wrth hynny, yn anfwriadol bron, fy mod hefyd yn gofyn sut y gall cymdeithas drefnu ei hun orau i ddiwallu anghenion yr unigolion hynny.

Y berthynas gymhleth yma rhwng unigolyn a'i gymdeithas yw hanfod gwleidyddiaeth fodern hyd y galla i weld. Yn wahanol i wleidyddiaeth ymerodrol y bedwaredd ganrif ar bymtheg, pan oedd y wladwriaeth yn ben a phawb yno i'w gwasanaethu, gorff ac enaid, mae gwleidyddiaeth ddatganoledig oes y cyfryngau torfol, yn seiliedig ar greu'r argraff fod bywydau'r rhai mae'r wladwriaeth yn honni eu gwasanaethu mor ddiddig a dof â phosibl. Ac mae'r pwyslais yn bendant ar y dofi! Yn wahanol i Oes Fictoria, does gan y wladwriaeth heddiw ddim iot o ddiddordeb mewn creu arwyr i ysbrydoli na sbarduno neb. I'r graddau fod angen arwyr ar bobl o gwbl, mae'r teledu a'r cyfrifiadur yn gallu diwallu'r galw hwnnw'n ddi-fai. Yn y cyfamser, mae'r wladwriaeth yn rhydd i ddilyn pa agenda cudd bynnag sydd ganddi yn y dirgel. Dyna pam ei bod hi'n bwysig fod pob unigolyn yn sefyll dros rywbeth. Diau fod disgwyl i'r awdur druan fod fymryn yn fwy dewr a huawdl (a ffôl) na thrwch y boblogaeth, am fod ei ben i'w weld yn codi weithiau uwchben y pared.

Roedd ymdrin â gwleidyddiaeth rhyw ein cymdeithas gyfoes, sy'n rhoi cymaint pwys ar gydraddoldeb a goddefgarwch, yn bendant yn un o'm cymhellion wrth ysgrifennu *Llosgi Gwern*. At ei gilydd, mi gafodd y nofel honno ei hanwybyddu a'i diystyru'n llwyr, er imi yn bersonol dderbyn ymateb angerddol a chyferbyniol gan ddau ddarllenydd; y naill yn ffeminist brwd a'r llall wedi ei threisio pan oedd yn ei harddegau (fel Miri yn y nofel). Ond dwi erioed wedi creu cymeriad hoyw am ei fod yn hoyw'n unig, ar wahân o bosib i Jason a Lloyd yn *Lleuwen*. Dewis bwriadol ar fy rhan yw hynny; dewis 'gwleidyddol' os mynnwch chi. I Paul yn *Pedolau dros y Crud*, nid y ffaith ei fod yn hoyw sy'n peri poendod iddo, ond ei rwystredigaeth gynyddol na all gael yr un mae wedi mopio arno; thema oesol a gwewyr y gall y rhan fwyaf ohonom uniaethu ag ef rywbryd yn ystod ein hoes. Nid hwnnw ychwaith oedd y gwewyr mwyaf. Agwedd arall ar ei hunaniaeth, sef darganfod pwy oedd ei rieni go-iawn, yw gwir sbardun y stori. Dwi ddim yn meddwl fod y gair 'hoyw' yn ymddangos unwaith yn ystod y nofel ac mae hynny'n gwbl fwriadol hefyd. Dyw Emily Brontë ddim yn dweud wrthym mai heterorywiol yw natur carwriaeth Cathy a Heathcliffe. Nid oedd Shakespeare ychwaith yn teimlo'r rheidrwydd i wneud hynny wrth lunio hanes Romeo a Juliet. Felly pam fod disgwyl i mi roi labeli ar fy nghymeriadau? Cefais fy meirniadu ar y pwynt hwn gan o leiaf un adolygydd ar y pryd, gan brofi ffordd mor bell oedd gennym i fynd cyn chwalu'r hualau yn ein meddyliau ein hunain.

I fynd yn ôl at Paul, rwy'n gobeithio ei fod yn gymeriad crwn a chyflawn. Petai'n bodoli am ei fod yn hoyw'n unig ni fyddai'n ddim amgenach na *freak* mewn sioe bypedau. A fu gen i erioed ddiddordeb mewn cymeriadau o'r fath. Wrth gwrs, mi fyddwn wrth fy modd petai'r ffaith 'mod i'n sgwennu yn sicrhau hawliau cydradd i bobl hoyw ledled y byd. Yn yr un modd byddwn wrth fy modd petai'r ffaith 'mod i'n sgwennu yn cadw'r Gymraeg yn fyw yn rhai o'n bröydd. Ond dyw hynny ddim ar fin digwydd, ydi e, waeth pa mor ddidwyll y deisyf? Fy nyletswydd i yw adrodd y storïau y mae hi yn fy nghalon a 'mhen a 'ngwaed i i'w hadrodd – a gwneud hynny orau y gallaf. Dylai ysgrifennu da fod yn ddihangfa ac yn ddrych. Dylai darllen da fod yn fwy byth felly.

Ond i ba raddau mae'r ffaith eich bod yn awdur a hefyd yn hoyw, yn ogystal ag yn ysgrifennu mewn iaith leiafrifol, yn gwneud eich gwaith yn anorfod wleidyddol? Ydi'r anorfodrwydd yna'n eich blino weithiau? Fyddai ysgrifennu yn Saesneg a chael eich cyhoeddi tu allan i Gymru'n llacio tipyn ar hynny?

Na, dyw hynny'n blino dim arnaf, a wela i ddim y byddai troi i ysgrifennu yn yr iaith fain yn llacio dim ar hynny. Pan rwy'n ysgrifennu yn Saesneg yr un un ydw i – y Cymro Cymraeg, canol oed, moel, blonegog hwn.

Oni fyddai'r ymateb yn sicr o fod rywfaint yn wahanol, a hynny'n ei dro'n effeithio ar yr hyn y byddech yn ei ysgrifennu?

Byddwn wrth fy modd petai fy ngwaith yn cael ei gyfieithu ac yn cyrraedd cynulleidfa ehangach, ond mater cwbl wahanol fyddai cyhoeddi yn Saesneg ac yn Lloegr. Mae'n arswyd i mi ein bod yn dal i droi at Loegr fel rhyw fan gwyn fan draw. Dyw'r ateb ddim yn fan'no. Fuodd e erioed; fydd e byth.

Ydych chi ddim yn meddwl bod y gwyro yna at Loegr a'i diwylliant rywfaint yn fwy glastwredig heddiw o gymharu ag ugain mlynedd yn ôl? Gyda'r chwyldro yn y diwydiant awyrennau, onid yw'n hadnabyddiaeth o ddiwylliannau tu hwnt i Loegr wedi cynyddu, a'n cymariaethau yn yr un modd?

Clamp o gwestiwn. Wrth gwrs fod dylanwadau o bob cwr o'r byd yn effeithio arnom – er ei fod yn dal yn wir i ddweud mai trwy gyfieithiadau i'r iaith Saesneg y daw'r rhan fwyaf o'r dylanwadau hynny i'n rhan.

Cyfeirio roeddwn i at y meddylfryd sy'n dal i roi bri ar unrhyw un (yn enwedig Cymro neu Gymraes Gymraeg) sydd wedi gwneud marc yn Lloegr. Does ond eisiau edrych yn nhudalennau'r *Western Mail* neu *Golwg* i weld gwirionedd hynny. Rhaid bod actor yn arbennig o dda os yw wedi llwyddo i gael ennyd o sylw trwy weithio yn Saesneg yn Lloegr. Rhaid bod gan awdur rywbeth arbennig i'w gynnig os yw ei waith wedi ei gyfieithu i'r Saesneg. Dyna'r syndrom sydd gen i dan sylw. Rydym yn dal i droi at Loegr am sêl bendith. Yn bersonol, byddai'n well gennyf dalu gwrogaeth i'r actor dawnus sydd wedi treulio'i yrfa'n teithio neuaddau llychlyd cefn gwlad Cymru yn cyfrannu rhywbeth i'w gymdeithas ei hun; ac i'r awduron sydd wedi parhau i ddefnyddio'r Gymraeg fel cyfrwng eu mynegiant, yn dlawd a diogoniant ers blynyddoedd.

Wnaethoch chi erioed deimlo fod ystod y pynciau y gallech ymdrin â hwy mewn nofel wedi eu cyfyngu gan natur eich cynulleidfa naturiol neu ddisgwyliedig?

Na, dwi erioed wedi teimlo fy mod wedi fy nghyfyngu yn yr ystyr yna. Wn i ddim pwy yw fy 'nghynulleidfa naturiol'.

Wel, pobl sy'n medru darllen Cymraeg i gychwyn...

Er nad wyf yn anthropolegydd, nac yn dymuno bod, rwy'n bur sicr nad yw pawb sy'n medru darllen Cymraeg yn 'gynulleidfa naturiol' imi.

Ble a phryd fyddwch chi'n ysgrifennu? Ydi'r amgylchiadau'n gorfod bod yn gyson – o ran lle, amser? Neu fyddwch chi'n ei gael yn rhwydd addasu yn ôl yr angen?

Yn ymarferol, rhaid imi fod wrth fy nghyfrifiadur y dyddiau hyn. Er, mi fydda i'n dal i hoffi eistedd yn yr ardd os yw'r tywydd yn braf ac ysgrifennu go-iawn – ar bapur hen-ffasiwn, gyda beiro! Rwy'n bur hyblyg o ran amser ac amgylchiadau – hwyr y nos, yn y bore bach, sut bynnag y daw hi. Yr unig reidrwydd yw nad oes neb o 'nghwmpas.

Ydi eich swydd a'ch gwaith creadigol yn cyd-fyw'n ddigon derbyniol? Neu fydd y naill yn gwarafun yr amser neu'r egni sy'n cael ei roi i'r llall? Fyddech chi'n falch o'r cyfle i ysgrifennu'n llawn-amser?

Mater o raid yw gweithio am fywoliaeth. Mater o raid, mewn ffordd gwbl wahanol, yw ysgrifennu hefyd. Byddai byw ar ysgrifennu creadigol yn amheuthun yn wir. Ond ar y llaw arall, rwy'n ddrwgdybus iawn o awduron llawn-amser sy'n gwneud dim oll ond encilio i sgwennu. Mae'r ddrwg-dybiaeth honno'n arbennig o wir am awduron ifainc sy'n dod allan o golegau ac yn galw eu hunain yn awduron proffesiynol bron yn syth. Yn ddwy a thair ar hugain oed, beth ddiawl wyddon nhw am ddrewdod bywyd, ar wahân i gynnwys eu cewynnau eu hunain? Trwy rannu a phrofi a dysgu disgyblaethau bywyd y mae doniau'n cael eu hogi.

Cyfrolau gan Aled Islwyn:

barddoniaeth
Dyddiau Gerwyn, 1977

nofelau
Lleuwen, 1977
Ceri, 1979
Sarah Arall, 1982
Cadw'r Chwedlau'n Fyw, 1984
Pedolau dros y Crud, 1986
Os Marw Hon..., 1990
Llosgi Gwern, 1996
Am Fod Seth yn Angel, 2001

storïau
Unigolion, Unigeddau, 1994
I Lawr Ymhlith y Werin, 2002

christopher meredith

Magwyd Chris Meredith yn Nhredegar, Sir Fynwy. Bu'n dysgu wedyn yn Aberhonddu am bymtheng mlynedd cyn mynd i ddarlithio mewn ysgrifennu creadigol i Brifysgol Morgannwg yn 1993. Mae bellach yn Uwch-ddarlithydd yno, a hefyd yn awdur dwy gyfrol o farddoniaeth (*This*, 1984; *Snaring Heaven,* 1990) a thair nofel (*Shifts*, 1988; *Griffri,* 1991; *Sidereal Time,* 1998) ac un llyfr i blant yn Gymraeg (*Nadolig Bob Dydd,* 2001). Cyhoeddwyd *Griffri* yn Ffrangeg yn 2002, gan wasg Terre de Brume, wedi ei chyfieithu gan Claudine Tourniaire.

Bûm yn ymweld â Chris Meredith yn ei swyddfa ym Mhrifysgol Morgannwg ar ddiwrnod poeth o haf. Pwt bach o le twt ar goridor y dyniaethau a digonedd o awduron eraill heb fod ymhell yn gwmpeini: Sheenagh Pugh, Tony Curtis… dyma wrth gwrs bencadlys y cyrsiau diweddaraf mewn ysgrifennu creadigol yng Nghymru. Digon addas felly oedd cynnal cyfweliad am y broses o ysgrifennu yma.

Wrth ailddarllen *Griffri*, roeddwn yn cael fy nharo dro ar ôl tro gan y modd y mae hi'n nofel sydd yn cwestiynu'r broses o greu'n greadigol, yn benodol trwy gymeriad Griffri sydd, am dudalennau lawer, yn myfyrio ar y cyfrifoldebau cymdeithasol o fod yn fardd yn y Canol Oesoedd.

Ar yr un pryd, roeddwn hefyd yn ymwybodol o'r hyn ddywedaist ti yn dy bennod yn y gyfrol honno gan Seren, *How Novelists Work,* mai'r peth pwysicaf yn aml i'r awdur yw fod rhywbeth yn cael ei greu, fod y nofel yn cael ei gorffen, nid sut y cyflawnwyd hynny. Pa mor ymwybodol felly wyt ti o'r cynllunio o flaen llaw sydd wrth wraidd nofel? Wrth edrych ar yr hyn rwyt wedi ei gynhyrchu, mae hefyd wrth gwrs yn amrywiol iawn, sy'n awgrymu efallai dy fod yn rhoi cryn dipyn o sylw i'r broses o adeiladu nofel, fod yr adeiladwaith yn rhan hanfodol o'r gwaith, yn hytrach na rhywbeth sy'n digwydd ar hap, yn fwy anymwybodol felly.

llun Jeff Morgan

Ro'n i'n sicr yn ymwybodol fod *Griffri* yn nofel wahanol iawn i *Shifts*, fy nofel gyntaf. Roedd hynny'n benderfyniad. Rwyf hefyd yn cofio Arthur Miller yn sôn amdano'n dechrau ysgrifennu'r *Crucible* a'r modd roedd e'n ymwybodol iawn ei fod yn sgrifennu drama wahanol i *Death of a Salesman* (oedd wedi bod yn llwyddiannus iawn). Roedd e am wneud rhywbeth hollol wahanol. Ac roedd yr un math o beth yn digwydd pan es i ati i ysgrifennu *Griffri* – roedd gwahaniaethu'r nofel oddi wrth *Shifts* yn beth eitha ymwybodol.

Rwyt ti'n cymharu hefyd yn *How Novelists Work* ddechrau *Shifts* a *Griffri*, a'r hyn oedd yn cael ei gyfleu i mi oedd fod y broses o sgwennu nofel i ti yn rhywbeth roeddet ti'n ei gynllunio i raddau helaeth.

Am fod *Griffri* yn nofel hanesyddol wedi ei seilio ar rai digwyddiadau go-iawn, i ryw raddau roedd cynllun o fath yno, copa mynydd i'w weld yma a thraw drwy'r niwl. Roedd rhaid cynnwys y pethau yna tu mewn i'r cynllun a chynllunio o'u hamgylch nhw. Felly roedd yna gynllun o fath ond, ar wahân i hynny, fydden i'n dweud bod ysgrifennu yn rhywbeth mwy organig. Mae'n fater o ddatblygu yn y meddwl, a weithiau cael amser hir o ystyried ac ailfeddwl cyn mynd ati i sgrifennu'r nofel yn y lle cyntaf, a dyw e ddim cweit yr un peth â chynllunio – sy'n awgrymu proses fecanyddol. I ryw raddau, mae'n rhaid i'r awdur edrych y ffordd arall am sbel tra bod y peth yn tyfu, a chael yr amynedd i aros weithiau cyn dechrau ysgrifennu. Ar ôl hynny, gyda nofel wrth gwrs, am ei bod yn ffurf mor fawr, mae'n rhaid mynd ati bob dydd, a gweithio, achos os nag ŷch chi'n mynd i wneud

hynny, dŷch chi ddim yn mynd i orffen y peth.

Eto gyda *Griffri,* doeddwn i ddim yn gwybod popeth am ymateb Griffri i'r pethau gwahanol oedd yn mynd i ddigwydd iddo fe. Doeddwn i ddim yn siŵr iawn sut un oedd e. Wedi i mi orffen y rhan gyntaf (fel ti'n gwybod, mae'r nofel mewn dwy ran), rwy'n cofio eistedd a theimlo fy mod yn adnabod y dyn erbyn hynny – dwy ran o dair drwy'r nofel. Er bod gen i syniad o'i lais a hefyd o'r cyd-destun ble mae'n siarad, doeddwn i ddim yn siŵr sut ddyn oedd e ar y dechrau, ac felly mae yna ryw amwysedd a yw'n ymffrostio neu'n dweud ei gyffes wrth y mynach. Mae amwysedd felly yn natur y naratif, ac roeddwn i eisiau cynnwys hynny fel fframwaith i'r naratif ei hun, ond doeddwn i ddim yn gwybod sut y bydde fe'n troi mas ar ôl hynny.

Roedd syniad cryf hefyd gen i o safbwynt ffurf y nofel – y byddai'n ddwy ran, ac y byddai'r ddwy ran yn achlysuron ble mae Griffri'n siarad â hen ffrind, a bwlch o ryw ddeuddeng mlynedd rhwng y ddwy, ond roedd hynna'n fras iawn. Ac i ryw raddau, nid syniad o'r plot yw hynna, ond yn hytrach rhyw deimlad o natur y naratif. Gyda *Shifts*, yn y bennod gyntaf, mae'r pedwar safbwynt yn sefydlu eu hunain, a doeddwn i ddim yn gwybod pan ddechreuais i beth oedd yn mynd i ddigwydd, ond wedi hynny roedd yn naturiol iawn i ddatblygu'r nofel yn dilyn y pedwar llwybr yna.

Pan fyddi di'n dechrau sgwennu nofel am y tro cyntaf, beth wyt ti'n dechrau hefo fo? Wyt ti'n medru mynd at nofel ddim ond yn ymwybodol efallai o un ddelwedd arbennig sy'n medru arwain wedyn at agor y peth allan?

Mae'n amrywio: gyda *Shifts*, fel rwy'n dweud yn y bennod yna yn *How Novelists Work*, mae'r dechrau'n dawel iawn. Does dim llawer yn digwydd yn y bennod gyntaf, ac mewn ffordd, roeddwn i'n delio â deunydd oedd wedi bod gyda fi ers blynyddoedd. Roeddwn i wedi gweithio yn y gwaith dur yn y 70au, ond cyn hynny, roedd fy nhad yn gweithio yn y gwaith dur ac roedd un o'm brodyr wedi bod hefyd – mae'r holl gefndir yna yn gefndir teuluol. Roedd rhai delweddau felly gyda fi ers rhai blynyddoedd. Ar y dechrau hefyd, roedd gen i syniad am olygfa, gyda dyn yn dod adre o'r gwaith a'r peiriannau. Dim ond syniad annelwig iawn. Dyw hynny ddim wedi ymddangos yn y nofel o gwbl.

Ond fel delwedd, hynny wnaeth symbylu'r nofel?

Wel… dyw delwedd yn unig ddim yn symbylu'r holl beth, ond mae'n arwain, mae'n dangos bod rhywbeth yno; bod rhywbeth yn dechrau dod mas, ac ar y dechrau, mae'n anodd penderfynu beth yw'r peth yna sydd eisiau dod mas. Rhaid darganfod beth yw e, yn hytrach na chynllunio beth yw e, beth sy'n codi i'r wyneb, a wedyn, falle bod siâp y peth yn od, ac mae'n rhaid gweithio arno fe.

Mae'r gair *'given'* yn Saesneg yn gyfleus yn hyn o beth. Mae'r *'given'* gyda chi ac mae'n rhaid gweithio gyda'r deunydd. Weithiau dydych chi ddim yn siŵr beth yw e, beth yw'r 'rhodd' fel petai yn y lle cyntaf.

Sut wyt ti'n darganfod beth ydi o i'r fath raddau bod ysgrifennu'r nofel wedyn yn bosib, fel dy fod yn medru bwrw i'r sgwennu?

Trwy'r ysgrifennu ei hun, rwy'n credu. I fi, mae'n rhaid aros am amser eitha hir, ac weithie bydda i'n ysgrifennu rhyw sgets bach ar ymylon y peth; mae e fel unigolyn bach bach bach yn ceisio mynd at ryw adeilad mawr yn y tywyllwch, a theimlo darn o'r wal, neu'r drws neu ryw fanylyn, a dydych chi ddim yn siŵr beth yw e. Rhaid aros a chanolbwyntio, ac wedyn edrych i ffwrdd cyn edrych yn ôl, nes bod e'n dod yn gliriach. Mae'n anodd esbonio. Dyw hynny ddim i ddweud bod y nofel yn beth gorffenedig ar y cychwyn. Mae 'na rywbeth neu rai pethau y mae'n rhaid i ni eu derbyn i ryw raddau, y deunydd ei hun, a dweud 'ie', jyst er mwyn gweld beth sy'n datblygu. Fel actorion yn gwneud ymarferiadau byrfyfyr – does dim lot o reolau. Ond un o'r rheolau yw, os bydd actor arall yn dweud rhywbeth, rŷch chi'n derbyn e ar y dechrau a gweld beth sy'n digwydd, a wedyn gweithio gyda'r deunydd.

Felly, o fynd yn ôl at *Shifts*, *Griffri*, a *Sidereal Time*, byddet ti'n dweud nad y golygfeydd cyntaf hynny yn y nofelau oedd y gwaith cyntaf wnest ti fel paratoad i sgwennu'r nofelau, o angenrheidrwydd?

Ysgrifennais i *Shifts* fel y mae, yn y drefn y mae, ar wahân i ailweithio ambell bennod. Ond flynyddoedd cyn hynny, rwy'n cofio ysgrifennu ambell bwt sydd ddim yn y nofel erbyn hyn, ond oedd yn fy meddwl i ar y pryd. Doedd e ddim yn rhan o'r nofel, dim ond darnau o ysgrifennu, ond maen nhw wedi bod yn rhan o'r broses yn arwain at sgrifennu'r nofel. Rwy'n gwybod bod Helen Dunmore yn

17

cytuno â'r syniad yma. Mae hi'n dweud bod yn rhaid ysgrifennu fel proses, a thaflu'r holl ddeunydd yna i ffwrdd. Mae e fel gwneud twnnel. Hynny yw, rhaid gwneud twnnel drwy'r deunydd yna er mwyn cyrraedd y stwff chi am ei gael mas. Dydw i ddim cweit yn gweithio fel yna. Rwy'n fwy diog na hynny, rwy'n tueddu i aros… nes bod y niwl yn clirio, yn hytrach na thwnelu drwy'r sbwriel. O ganlyniad, rwy'n ysgrifennu'n araf iawn.

Roeddet ti'n disgrifio ysgrifennu *Griffri* fel gweithred lawer mwy cyhoeddus na *Shifts*. Sut effaith oedd hynny'n ei chael ar dy ffordd o fynd o'i chwmpas hi? Oedd o'n fater o gael bloc o amser ac yn syml iawn 'dechrau ysgrifennu nofel'?

Erbyn i mi gyrraedd y pwynt yna, lle'r oeddwn i'n codi ar y bore Llun yna a dechrau'r nofel – bore brawychus iawn ym mywyd pob nofelydd! – roedd yna ryw syniad gen i. Hefyd, am fod y nofel yn un hanesyddol, roedd ymchwil i'w wneud wrth gwrs.

Mae hynna'n gallu bod yn gysur yn tydi? Dy fod yn medru gwneud tipyn o ymchwil pan nad yw'r gwaith yn llifo'n rhwydd.

Mae'n ddefnyddiol iawn; falle'n anonest, ond ti'n gallu gwneud ymchwil gan esgus dy fod yn gweithio ar y nofel. Y sefyllfa gen i oedd fy mod i'n gweithio ar y casgliad o gerddi *Snaring Heaven* ar y pryd, ac felly roeddwn i'n gorffen rhoi'r gyfrol yna at ei gilydd, ro'n i'n ailwampio, penderfynu trefn y cerddi ac yn y blaen yn y bore, a gweithio ar ymchwil *Griffri* yn y pnawn. Wedyn ar ôl cwpwl o fisoedd, dechreuais i ysgrifennu. Mi wnes i bethau fel defnyddio *Brut y Tywysogion* a *Brenhinedd y Saeson* ac mae'r ddau yna'n ddau fersiwn ar yr un testun. Beth wnes i oedd teipio'r holl dudalennau perthnasol mas – jyst copïo'r peth mas ar deipiadur – a chael y ddau fersiwn drws nesa i'w gilydd fel testunau cyfochrog, a'u gludo nhw ar dudalen o bapur, fel bod modd i mi gymharu'r gwahaniaethau rhwng y ddau, er mwyn deall y deunydd. Mae e fel actor yn dysgu llinellau. Roeddwn i'n mynd dros y geiriau dro ar ôl tro nes fy mod yn gyfarwydd iawn â'r deunydd. Es i o gwmpas de Cymru'n edrych ar safleodd hen gestyll a phethau hefyd, a jyst trio gadael i'r awyrgylch dreiddio i mewn. Pethau fel yna. Fel o'n i'n dweud, mae e fel actor yn paratoi i ryw raddau.

Mae'r olygfa honno'n un ddwys iawn.

Yr olygfa gyda Gwrgant?

Ie… pan wnest tithau d'ymdrech gyhoeddus gyntaf i sgwennu'n greadigol, oedd yna deimlad o ddwyster?

Y peth yw, mae'n sefyllfa od iawn. Dyw e ddim yn od os wyt ti'n sgrifennu'n Gymraeg ac yn gyfarwydd ag eisteddfodau ac yn y blaen. Ond i fi, dydw i ddim yn rhan o'r byd yna yn y bôn, a does yr un ohonon ni'n rhan o Gymru wyth can mlynedd yn ôl, a dŷn ni ddim yn gwybod sut fyd oedd e. Roedd rhaid dyfeisio'r byd yna i Griffri a dychmygu byd gwahanol iawn i'n byd ni. Felly mae'n wahanol iawn i'n profiad ni mewn sawl ffordd. Ac eto mae'n sefyllfa sydd ddim yn gwbl estron. Rwy wedi cael y profiad o berfformio cerddi, darllen darnau o nofelau'n gyhoeddus, a rwy wedi defnyddio darn o'r teimlad yna. Mae'r emosiwn mae cerdd yn gallu cyffwrdd ag e pan wyt ti'n darllen y peth yn breifat yn rhywbeth rwy wedi ei deimlo wrth ddarllen i gynulleidfa. Ac mae'n wir, roeddwn i eisiau cyfleu rhywbeth fel yna.

Roeddwn i eisiau cyfleu cryfder y tawelwch ar ôl y gerdd, y *speaking silence'* fel petai. Mae'n swnio'n rhamantus wrth sôn amdano fe fel hyn. Ond y peth i'w wneud yw ei gyfleu e mewn golygfa, mewn nofel, fel bod y peth yn teimlo'n real, fel bod e'n golygu rhywbeth. Rwy'n credu ein bod ni i gyd wedi teimlo hynna – dyna'r wefr o deimlo neu ddeall gwaith creadigol, celf, neu gân. Dyna'r peth sy'n gyffredin i bawb. Roeddwn i eisiau cyfleu hynny yn yr olygfa – golygfa oedd yn un estron iawn ym mhob ffordd arall.

I fynd yn ôl at y cyfnod pan oeddet ti'n dechrau ysgrifennu, beth wnaeth dy gymell di? Roeddet ti'n dweud nad oeddet yn rhan o'r traddodiad Cymraeg, lle roedd ygrifennu creadigol – o leiaf pan oeddwn i'n yr ysgol – yn rhan naturiol o'n haddysg, i'r graddau lle nad oedd yn cael ei ystyried yn rhywbeth rhyfedd i'w wneud, yn rhywbeth ffuantus efallai.
Falle nad ydw i ddim cweit yn dweud y gwir… roedd yna eisteddfodau yn yr ysgol, yn Saesneg, ac ro'n i'n cystadlu, yn ysgrifennu storïau ac yn y blaen.

Felly doedd sgwennu ddim yn rhywbeth ffuantus, rhyfedd i ti? Doeddet ti ddim yn cwestiynu'r peth?
Nac oeddwn. Yn fy nheulu i, roedd fy mrawd yn actio tra oedd e'n yr ysgol. Roedd fy nhad yn gweithio'n y gwaith dur, ac yn y gwaith glo cyn hynny… teulu dosbarth gweithiol de Cymru ystrydebol bron. Ond roedd fy nhad hefyd yn perthyn i'r to yna oedd yn llengar, yn wleidyddol iawn. Cafodd ei eni ddiwedd y Rhyfel Byd Cyntaf. Pobl ddiwylliannol a gwleidyddol iawn. Ac er bod y diwylliant

yna wedi treio erbyn i mi gael fy ngeni, erbyn y pum degau, roedd rhywfaint o'r awyrgylch yna'n dal yn y teulu, roedd llyfrau 'da ni'n y tŷ, llyfrau Gollancz, rhyw lengarwch naturiol. Ac roedd fy mrawd yn hyfforddi i fod yn actor; roedd fy nhad yn medru adrodd darnau o Shakespeare oddi ar ei go, ac roedd fy mrawd yn dysgu darnau actio lan llofft. Felly doedd ysgrifennu ddim yn ffuantus o gwbl, nac yn rhyfedd ychwaith. Roeddwn i'n hoff iawn o arlunio hefyd, ac yn dda mewn celf; yn fy mlwyddyn gyntaf yn Aberystwyth mi wnes i astudio Celf, Athroniaeth a Saesneg.

Ond i fynd yn ôl at y cwestiwn pam ysgrifennu, i ryw raddau, falle fod 'na ryw dalent gen i, ac mae athrawon da yn hybu talent wrth gwrs, ond y peth arall yw, mae 'na foddhad mawr i'w gael drwy greu rhywbeth mas o ddim byd. Gyda sgrifennu, does dim deunydd, ar wahân i beth sydd yn dy ben. Does dim cyfrwng yn mynd trwyddo fe ar wahân i awyr. Mae'n ymddangos fod y peth yn dod mas o unlle – dyw e ddim wrth gwrs – ac mae'n deimlad braf iawn i greu rhywbeth fel'na. Ac mae gan rai pobl gymhelliad i greu rhywbeth beth bynnag. Ar ôl cael bwyd a chysgod a rhyw – y pethau sylfaenol hynny sy'n gyrru pobl – y peth naturiol nesaf i lawer o bobl yw creu pethau, jest er mwyn y teimlad o foddhad mae rhywun yn ei gael o greu rhywbeth. Ac ar ôl dweud hynny, mae gan eiriau y gallu i fod yn bethau, fel mae lluniau yn bethau, a cherddoriaeth yn ffurf mewn amser. Ond gyda llenyddiaeth, mae'n wahanol wrth gwrs; mae ystyr yn chwarae rhan hefyd, a hynny mewn ffordd sydd ddim yn bosib gyda cherddoriaeth a lluniau.

Er bod celfyddyd mewn un ystyr yn dod o ddim, fel ti'n dweud, mae hefyd yn ffordd o greu patrymau, fel mae artistiaid o bob math wedi gwneud ers cyn cof – rhai ffurfiau, wrth reswm, mewn modd mwy amlwg nag eraill. Os wyt ti'n cael dy *fix* o ysgrifennu, a yw hynny'n golygu nad wyt ti'n gwneud rhyw lawer o waith trefnu caib a rhaw, er enghraifft gwaith tŷ?

Fallai dyna'r rheswm! Y gwahaniaeth yw fod rhoi trefn ar bethau tu allan i gelfyddyd yn aml yn *displacement activity*.

Dydi ysgrifennu ddim?

Wel ddim i fi. Mae llenyddiaeth yn delio gydag ystyr, am mai iaith yw ei deunydd, ac un o rinweddau iaith yw'r ffaith ei bod yn medru trafod ei hunan, a dyw cerddoriaeth, a hyd yn oed arlunio, ddim yn medru gwneud hynny. Rydych chi'n gallu cwestiynu'r holl broses o greu a chwilio am ystyr yn y lle cyntaf. Felly dydych chi ddim jest o reidrwydd yn creu patrwm, neu greu ystyr, neu chwilio am ystyr, rŷch chi'n gallu trafod holl bwynt ystyr, achos bod ystyr yn gallu bod yn bwnc y gwaith ei hun.

A dim ond iaith sy'n gallu gwneud hynny, rwy'n credu. Rwy'n cofio rhywun yn dweud wrtha i pan o'n i'n athro ysgol: *'Mathematics is the only true language'*. Ac rwy'n cofio dweud wrtho fe: *'How do you say "the dog is pissing against the tree" in Mathematics?'* Pan ydych chi'n sôn am bethau eraill yn gweithio fel iaith, rydych chi'n defnyddio iaith fel trosiad wrth gwrs. Achos mae yna elfennau ieithyddol mewn pob math o bethau.

Un o'r pethau sy'n ddiddorol i mi yw'r syniad yna fod rhaid i ni chwilio am ystyr yn ein bywydau – sy'n gamgymeriad, achos yr hyn rydym ni'n chwilio amdano fe yw un o'r pethau 'na sy'n *perthyn* i iaith, i ieithoedd, ac os rydyn ni'n chwilio am ystyr mewn bywyd, yn y bydysawd, mewn pethau eraill, rydyn ni'n gwneud camgymeriad. Dydw i ddim yn gwybod a yw hynna'n wir ai peidio, ond yn athronyddol, mae'n ddiddorol iawn. Ac mae hynny'n gwestiwn yn *Griffri* a *Sidereal Time*. Mae yna unigolion yn *Sidereal Time* sy'n chwilio am ystyr, ac mae'r nofelau i gyd yn cwestiynu'r holl chwilio yna.

Wyt ti hefyd yn gweld weithiau fod y trywydd mae dy ysgrifennu di'n ei gymryd yn gwyro ryw fymryn oherwydd pobl eraill?

Tydw i ddim yn ymwybodol o wneud hynny, mae'n rhaid i mi gyfaddef – i ryw raddau mae'n rhaid meddwl am y darllenydd fel y darllenydd delfrydol rwy'n credu. Mae meddwl am unigolion yn beth amheus iawn fydden i'n dweud – gobeithio 'mod i ddim. Dwi'n cofio clywed rhyw gyfarwyddwr ffilmiau, Eidalwr, ar y teledu ar y *South Bank Show* yn dweud rhywbeth fel, *'when you make a film, you must betray your country and rape your mother and murder your father'*. Yn ddramatig iawn, roedd e'n gwneud y pwynt, pan wyt ti'n creu rhywbeth, y peth rwyt ti'n ei greu yw'r peth pwysicaf yn y byd am yr amser hynny, a dim ond wedyn rwyt ti'n meddwl am y canlyniadau. Ond os wyt ti'n dilyn ymatebion mympwyol darllenwyr, wel… Mae'n rhaid cael rhyw fath o integriti i dy waith, a pheidio â bradychu hynny. Pan ysgrifennodd R S Thomas y traethawd yna ar hunanladdiad creadigol yr artist, a oedd yn esbonio hefyd pam nad yw'n ysgrifennu ei gerddi yn Gymraeg, sôn am hyn oedd e. Rwy'n credu y bydde fe wedi bod yn anffydd-lon i'r llenyddiaeth ei hun petasai wedi sgrifennu rhywbeth eilradd yn Gymraeg yn hytrach na sgrifennu rhywbeth gwell yn Saesneg. Mae'n rhaid gwasanaethu'r gwaith ei hun. Ac i ryw raddau, wrth gwrs, mae'n rhaid cael rhyw syniad o'r darllenydd – rhaid gwneud pethau sylfaenol i wneud y peth yn ddealladwy, ond tu hwnt i hynny, rhaid gweithio tu fewn i dermau'r gwaith ei hun.

Mae'n gallu bod yn anodd os wyt ti, er enghraifft, yn ysgrifennu am dy rieni – rwy wedi ysgrifennu eitha lot yn fy ngherddi am fy nhad. Mae e wedi marw erbyn hyn. Ar y cyfan roeddwn i'n teimlo'n eitha cyfforddus yn cyhoeddi'r stwff, er nad oedd y deunydd i ryw raddau yn stwff personol am ein perthynas ni, ond yn hytrach am y pethau oedd yn anodd yn ei fywyd, yn y rhyfel ac am y gwaith ac yn y blaen. Ond roedd e'n iawn. Efallai petaswn i'n gymeriad gwahanol, a'n perthynas ni wedi bod yn wahanol, byddai'r sefyllfa wedi bod yn un lletchwith iawn. Dyna i gyd rwy'n gallu ei ddweud: os wyt ti'n ysgrifennu mewn ffordd gyfun oherwydd perthynas, dydw i ddim yn gweld e fel peth iach o gwbl, ac mae'n rhaid osgoi hynny ar y cyfan.

Beth am adolygiadau – wyt ti'n cael budd o'u darllen nhw?

Mae adolygiadau'n rhan o'r busnes, ac i ryw raddau os wyt ti'n awdur, ti'n cadw'r busnes yna ar wahân i'r busnes o greu. Mae'n rhaid amddiffyn yr awdur rhag y busnes – asiantwyr, cyhoeddwyr. Rhaid bod yn onest fel awdur – mae hynny'n hanfodol. Dydw i ddim yn gweld pwynt mewn camarwain pobl. Mae'n bwysig cael adolygiadau i gael sylw. Dyw e ddim mor bwysig – ond mae'n eitha pwysig – i gael adolygiadau da ambell waith.

Wyt ti'n cymryd y sylwadau hynny i mewn, wyt ti'n ymgorffori sylwadau adolygiadau yn dy waith wedyn?

Mae'n rhaid fy mod i. Mae'n beth dynol i wneud hynny…

Wyt ti wedi dysgu rhywbeth ganddyn nhw?

Weithiau. Rwy'n trio meddwl am enghraifft… Dysgu rhywbeth am y testun ei hun efallai. Rwyt ti'n darganfod pethau am sut mae pobl yn darllen sy'n gallu bod yn ddiddorol, am yr hyn maen nhw'n ei golli. Cofia, weithiau mae rhai darllenwyr yn graff iawn, ac mae'n dipyn o sioc eu bod nhw wedi gweld hyn a hyn yn dy waith. Er enghraifft, rwy'n ymwybodol bod hyn a hyn yn digwydd tu fewn i'r nofel ond yn aml dydw i ddim yn disgwyl i neb sylwi – mae'n rhaid i'r peth ymgartrefu yn y byd cyn fy mod i'n disgwyl i bobl ddod i weld beth sy'n cartrefu dan yr wyneb. Ond mae rhai darllenwyr craff iawn yn mynd yn syth ato fe, ac mae'n bleser, mae'n fraint weithiau i feddwl bod hwn a hwn wedi darllen y peth.

Ar y llaw arall, gyda *Shifts*, roedd yna ddarllenwyr oedd wedi mwynhau *Shifts*, i ddefnyddio hen ystrydeb, fel darn o *'gritty realism'*, ac er dy fod yn gallu darllen y nofel felly, mae mwy yn digwydd ynddi, ac roedd e'n mynd ar fy nerfau i fod pobl yn methu â gweld pethau eraill ynglŷn â'r nofel; fod ganddyn nhw ryw fath o ragfarn – *ghetto* llenyddol, fel petai. Os yw nofel yn ddosbarth gweithiol, yn Gymreig, yn delio â phrofiad diwydiannol, ôl-ddiwydiannol, mae e i ryw raddau fel rhoi *blinkers* ar y ceffyl; dyw pobl yn aml ddim yn gweld y pethau eraill sy'n digwydd yn y nofel.

Falle hefyd fod pobl yn dueddol o ddarllen yr adolygiadau cyntaf a derbyn rheini wedyn fel rhyw fath o stamp sy'n penderfynu eu darlleniadau hwythau?

Ie, mae nofel, fel unrhyw beth arall, yn bodoli y tu fewn i ddiwylliant, ac mae pobl yn dysgu ffyrdd o weld y peth, fel rŷn ni'n dysgu ffordd o edrych ar dirwedd trwy natur ein diwylliant. Rhamantwyr ddau gan mlynedd yn ôl a newidiodd y ffordd rŷn ni'n edrych ar fynydd, er enghraifft. Rŷn ni wedi dysgu sut i edrych ar fynydd, ar dirwedd, trwy gyfrwng pethau diwylliannol, ac mae'r un grymusterau diwylliannol yn gweithio arnom ni fel darllenwyr. Mae hynny, wrth gwrs, yn anochel.

Hefyd, mae darllenwyr yn medru bod yn ddihyder a meddwl bod rhaid iddyn nhw chwilio am yr un ystyr a fynegwyd gan yr adolygwyr.

Ie, dyna fe: *'tell me what to think…'*

Mi fues i'n gweld rhyw ddrama sbel yn ôl, ac roeddwn i'n digwydd adnabod un o'r actorion ac yn siarad gydag e ar ddiwedd y peth. Dwedes i wrtho fe fod y noson wedi mynd yn dda iawn a dwedodd e, 'Wel, roedd e'n mynd yn wael iawn tan y toriad, a wedyn aeth pawb mas i'r bar i gael diod ac fe benderfynon nhw bo nhw'n hoffi'r ddrama,' a rwy'n deall yn gwmws beth oedd e'n feddwl – y peth cymdeithasol yna o gytuno gyda'r bobl o d'amgylch. Penderfynon nhw felly eu bod nhw'n hoffi'r ddrama, ac aeth hi'n dda wedyn yn yr ail hanner, ac erbyn y diwedd roedd yn llwyddiannus iawn.

… mae'n gallu digwydd ar hap, yn tydi?

Weithiau, wrth gwrs, yn raddol fel arfer, fel mae testun yn gallu dod yn rhan o'r diwylliant, mae agweddau gwahanol o'r peth yn dod i'r wyneb, a dyna sy'n digwydd gyda dramâu Shakespeare, mae pobl yn dod mas â phob math o syniadau ynghylch beth sy'n digwydd ynddynt. Ar y cyfan, mae lot o'r pethau yna yn y ddrama ei hun, ond dyw e ddim i ddweud bod Shakespeare yn athrylith (er ei fod e!). Dangos mae hyn rywbeth ynglŷn â'r broses ddiwylliannol, ynglŷn â'r modd mae pethau'n ymgartrefu fel rhan o'r tirwedd diwylliannol.

Mae'n ddiddorol gweld e gyda *Shifts*. Er enghraifft, yr ymateb i draethawd Richard Poole yn yr argraffiad diwedd-araf. Mae pobl ddeallus wedi gofyn i fi 'ŷch chi'n cytuno gyda syniadau Richard Poole?' Mae e'n dechrau trwy ddweud ei bod hi'n nofel gymdeithasegol yn delio ag amser arbennig mewn hanes ôl-ddiwydiannol ac yn y blaen, yn ei thrafod fel darn o *'gritty realism'*. Ond mae e hefyd yn dweud ei fod e am drafod y nofel fel *'a poetic novel of ideas'*; felly mae'n edrych ar y nofel mewn termau gwahanol i'r rhan fwyaf o adolygiadau oedd wedi bod.

Roedd rhai pobl yn edrych ar hyn gyda *'blinkers'*, ac yn meddwl fod rhai o'i syniadau yn hollol wallgo… delweddau ynglŷn ag amser, cyfeiriadau at Richard II, ond dwi ddim yn meddwl bod y syniadau hynny'n hollol od. Ac mae rhai o'r syniadau yna erbyn hyn wedi dod yn fwy cyfarwydd i feirniaid eraill sydd yn edrych ar nofelau Dickens o safbwynt symbolaidd, neu o safbwynt strwythur traddodiadol y storïau, neu mewn termau Jungaidd. Ti'n gallu gwneud y stwff yna i gyd, ond wnaeth neb ei drafod e am ddegawdau. Fel realydd cymdeithasol roedden nhw'n sôn am Dickens ar hyd yr amser.

Beth am *Sidereal Time*? Roedd yn fy nharo i fel nofel Christopher Meredith iawn, ond ar yr un pryd, tydi hi ddim yn ffitio mowld chwaith, o ran arddull.

Ie, mae amser yn bwysig yn hynny o beth, o safbwynt sut mae'r nofelau'n gweithio, i gymharu gyda'r ddwy nofel arall. Rwy'n sôn am hyn yn y bennod yna yn *How Novelists Work* – nid yn nhermau *Sidereal Time* chwaith. Mae'r hyn sy'n digwydd tu fewn i *Shifts* yn digwydd o fewn naw mis, rhwng y mis Ionawr a'r mis Medi, ac yn *Griffri* mae'r amser yn rhedeg dros bedwar deg mlynedd neu chydig yn fwy, tra mae *Sidereal Time* yn digwydd o fewn pum niwrnod. Os oeddwn i wedi mynd ati i greu rhywbeth gwahanol iawn gyda *Griffri*, gyda *Sidereal Time*, roeddwn i'n fwriadol eisiau cyfyngu'r amser.

Mae'n ddiddorol sut wyt ti wedi gwneud hynny, ac wedi ei amrywio gyda'r tair.

Gyda'r rhan fwyaf o nofelau rwy wedi darllen, mae rhediad amser tu fewn i'r nofel yn bwysig iawn i'r awdur, ond dyw e ddim yn bwysig bob amser i'r darllenydd.

Gyda *Sidereal Time*, am fod y nofel yn delio i ryw raddau gydag amser, roeddwn i am gael yr holl beth fel petai wedi ei ffilmio'n agos, a hefyd, roedd y pum niwrnod yn rhoi strwythur pump act, a dyddiau'r wythnos yn enwau'r planedau wrth gwrs – roedd hynna'n rhoi strwythur symbolaidd i'r nofel. Mae'n dylanwadu wedyn ar beth sy'n digwydd oddi mewn i bob diwrnod. Dydd Llun yw'r lleuad, wrth gwrs, ac mae Sarah jyst yn gorffen ei misglwyf ar ddechrau'r nofel – a dyna effaith y lleuad, ac yn y blaen…

Beth am ysgrifennu mewn llais merch wedyn?

Wnes i fwynhau yn fawr iawn – os wyt ti'n gallu mwynhau ysgrifennu. Ond i ryw raddau mae ysgrifennu o safbwynt unrhyw unigolyn yn beth od iawn i'w wneud, a dyna beth mae ffuglen yn ei wneud drwy'r amser, neu lot o'r amser beth bynnag.

Pam wyt ti'n meddwl ei fod o'n beth od?

Oherwydd ein bod ni'n byw tu mewn i ni'n hunain drwy'r amser – mae pob unigolyn tu mewn i focs fel petai. Ond mae dychymyg gyda ni, a dyna'r peth mwyaf pwysig ynglŷn â'r dychymyg, y gallu i ddychmygu'r byd o safbwyntiau gwahanol. Ac i fi mae dychmygu'r byd o safbwynt dwedwch, Michael Ancram, yn llawer mwy anodd na dychmygu'r byd o safbwynt rhyw fenyw dri-deg-pump oed sy'n athrawes ysgol.

Rwy'n gallu gweld bod rhai pobl yn dadlau ei fod yn beth anodd iawn i ddychmygu'r byd o safbwynt menyw, os wyt ti'n ddyn, ond dyna be rwyt ti'n ei wneud os wyt ti'n ysgrifennu. Mae Sheenagh Pugh, sy'n gweithio lawr y coridor, yn dadlau weithiau pan wyt ti'n ysgrifennu, ti ddim yn ddyn nag yn fenyw. Hynny yw, beth sydd i ddweud bod y frawddeg yma'n fenywaidd; os wyt ti'n edrych ar bethau'n ddigon agos, mae rhai elfennau'n troi'n abswrd.

Beth am sgwennu o safbwynt ci, fel mae Paul Auster wedi ei wneud yn ei nofel *Timbuktu*?

… a Jack London – llwyddiannus iawn, effeithiol iawn… a mae Julian Barnes yn ysgrifennu o safbwynt, beth yw e, pryf pren neu rywbeth yn *History of the World in Ten and a Half Chapters*. Mae yna broblemau gwahanol os wyt ti'n mynd tu fas i bobl, achos yn syth beth sy'n digwydd yw anthropomorffiaeth neu ddynweddiant. Mae'r ffaith dy fod yn defnyddio iaith, a brawddegau yn y lle cyntaf yn cwestiynu'r holl broses, felly ti'n mynd i lefel arall. Ond pam lai?

Ond y ffaith fod cymaint yn bosibl mewn llen-yddiaeth sy'n ei gwneud yn gyfrwng mor gyffrous.

Mae hyn yn rhywbeth hen gyfarwydd on'd yw e? Pan ti'n ysgrifennu, ti'n gallu sgrifennu heb gael safbwynt clir – mae hyn yn wahanol i ffilmio lle mae yna gamera, lle mae yna safbwynt. Gyda llenydda, ti'n gallu cadw'r safbwynt yn aneglur os wyt ti eisiau.

Oherwydd beth? Oherwydd y llithro rhwydd sy'n bosibl rhwng safbwyntiau, oherwydd fod yr iaith yn gallu bod yn fwy hyblyg na lens camera? Ydi hynny'n gwbl gywir?

Mae'n fater o ddefnyddio'r trydydd person a dewis y geiriau yn ofalus iawn. Os wyt ti'n dweud 'Eisteddodd John wrth y ffenest ac edrychodd allan; roedd hen ŵr yn cerdded i lawr y llwybr', yn syth rwyt ti tu mewn i'w safbwynt e. Dwyt ti ddim wedi dweud 'meddyliodd John'. A felly ti'n creu safbwynt trwy gysylltiad ym meddwl y darllenydd. Ond os wyt ti'n ofalus, ti'n gallu sgrifennu o'r tu fas heb adroddwr o gwbl, ar wahân i ti dy hunan, wrth gwrs, ond dwyt ti ddim yn cyfrif trwy gyfrwng dy safbwynt dy hunan. I ryw raddau, ti'n gallu ei wneud e gyda camera, ond ddim cweit yn yr un ffordd. Gyda geiriau, mae modd llithro o un safbwynt i'r llall – rhywbeth dyw'r rhan fwyaf o ddarllenwyr ddim yn ei ystyried. Ac eto mae'n hanfodol i natur y gwaith sut wyt ti'n rheoli safbwynt. Dyna'r ddau beth mawr i nofelydd – sut mae rheoli safbwynt a llithro o un safbwynt i'r llall, a sut mae amser yn rhedeg.

Mi rwyt ti wedi amrywio hyn efallai i raddau llawer mwy helaeth na nofelwyr eraill yn do? Fel petaet yn fwy ymwybodol o'r peth.

Gyda *Shifts*, tu fewn i'r pedwar safbwynt yna, mae modd symud rhwng y person cyntaf a'r trydydd person, ac mae modd llithro tu fas i'r cymeriad, a hefyd symud tuag at y cymeriad fel camera dros ysgwydd y cymeriad neu hefyd yn edrych ar y cymeriad – mae'n gallu symud cymaint â hynny. Gyda *Griffri*, wrth gwrs, y person cyntaf yw'r holl beth. Roedd hynny'n sialens i mi.

Mae'n anodd gwneud hynna'n dda, heb iddo fynd yn undonog.

Dyw Griffri fel cymeriad ddim yn glyfar iawn chwaith, ac mae hynny'n medru gwneud pethau'n anodd. Fallai nad ydw i ddim chwaith – fallai dyna'r broblem. Ond ar ôl tua dau gan tudalen, o'n i'n gweiddi wrthyf fy hunan, 'Mae e mor dwp! Dyw e ddim yn medru gweld beth sy'n digwydd o flaen ei drwyn… '

Gyda *Sidereal Time*, mae yna newid safbwyntiau rhwng Sarah a Steve, ac mae safbwynt brawd Sarah, Ken, yn dod i mewn tua'r diwedd yn annisgwyl, yn y person cyntaf. Felly mae yna amrywiaeth. Hefyd mae Steve yn sgrifennu nofel yn ei ben am Copernicus ac os wyt ti'n edrych ar y ffordd mae Steve yn delio â safbwynt y tu mewn i'r darnau yna, mae'n wahanol iawn hefyd. Tua diwedd y nofel, pan mae Sarah a Steve gyda'i gilydd yn y stafell ddosbarth, mae'r safbwynt yn newid o un i'r llall, a dyna'r tro cyntaf mae'n digwydd yn y nofel. Mae'n digwydd tu fewn i nofel Steve, ond am y tro cyntaf tu mewn i fy nofel i fel petai.

Mae'n amlwg dy fod yn ymwybodol iawn o hynny.
Mae'n rhywbeth sy'n datblygu yn anorfod, er enghraifft, os yw'r nofel yn delio ag unigedd efallai, a'r ffaith ein bod ni i gyd ar wahân. Os dwi'n gwneud hynny, os ydw i wedi cadw at gael safbwyntiau ar wahân, a thua'r diwedd, mae'n symud o un i'r llall, mae hefyd yn ffordd o awgrymu posibilrwydd o gysylltiad rhwng pobl, hynny yw, mae arddull y peth yn dangos rhywbeth ynghylch y modd rŷn ni'n gweld y byd.

Wyt ti'n teimlo bod llawer o nofelwyr ddim fel petaent yn ymwybodol o'r posibiliadau hynny?
Fallai bod hynna'n wir. Mae yna arddull nofelaidd sydd wedi datblygu ers y 19eg ganrif, neu chydig cyn hynny, sydd wedi troi ar yr arddull trydydd person, ac mae mor gyffredin erbyn hyn. Mae pobl yn methu gweld hynny, oherwydd mae natur y dechneg yn anweledig; mae'n teimlo fel y 'gwirionedd'.

Rwyt ti'n dysgu sgwennu creadigol. Sut wyt ti'n mynd ati i wneud hynny?
Mae'n dibynnu: ar y dechrau, rŷn ni'n rhoi pethau i bobl i'w gwneud: syniadau ac ymarferion. Ar ôl tair blynedd, mae'r broses – os yw'n gweithio – yn datblygu'n araf. Weithiau, wrth gwrs, mae'r myfyrwyr yn dod atom ni efo stwff eisoes. Erbyn diwedd y broses, nhw yw'r awduron, a chynghori yw'n gwaith ni – yn debyg i olygyddion da, yn gweithio gyda'r awdur yn yr hen draddodiad.

Wyt ti'n ei weld o fel rhywbeth sy'n cynnig posibiliadau yn hytrach na rhywbeth amherthnasol i fyd addysg drydyddol?
Rydym ni'n derbyn y pethau 'ma – bod plant yn mynd i'r ysgol yn bump oed, ac yn gadael yn eu harddegau – fel cyfraith Moses neu rywbeth. A dyw e ddim o reidrwydd yn wir. Rŷn ni'n dysgu sgrifennu creadigol i blant, rŷn ni'n rhoi papur iddyn nhw ac yn gofyn iddyn nhw gynllunio roced i'r lleuad, a maen nhw'n ei wneud e: *'That's what we do 'cause we're kids'*. Pan maen nhw'n cyrraedd pymtheg oed, gyda'r rhan fwyaf o blant ysgol, rŷn ni jyst yn rhoi'r gorau i'w dysgu nhw, neu ddim yn gadael iddyn nhw ysgrifennu'n greadigol, ac ar ôl hynny, maen nhw i fod i ddadansoddi testunau ac yn y blaen – ar wahân i gystadlu mewn eisteddfodau neu ddysgu cynghanedd os ŷn nhw'n ddigon lwcus i siarad Cymraeg. Ond ar y cyfan, dŷn ni ddim yn disgwyl dysgu ysgrifennu creadigol ar ôl yr oed yna... pam?

Ond cofia, yn y prifysgolion tan yn weddol ddiweddar, doedd ieithoedd cynhenid neu frodorol ddim yn cael eu dysgu o gwbl; Lladin oedd y pwnc. Yn yr 1880-90au, roedd yn beth newydd i ddysgu llenyddiaeth... ond pam lai? Roedd yr hen brifysgolion yn dysgu rhethreg. Rŷn ni'n dysgu celf, cyfansoddi mewn cerddoriaeth...

Pan ddechreuais i'r swydd yma, roeddwn i'n meddwl ei bod yn swnio fel swydd neis a phenderfynais i y bydden i'n ei gwneud, er nad oeddwn i ddim yn siŵr a oedd hi'n bosib. Ond yn fuan iawn (gyda llaw, dwi fy hun ddim wedi mynychu dosbarthiadau ysgrifennu heblaw am un sesiwn yn Abertawe oedd yn rhywbeth anffurfiol iawn) sylweddolais i, er nad yw'r rhan fwyaf o bobl sy'n dod ar y cyrsiau fan hyn yn mynd i fod yn awduron llawn-amser, maen nhw'n dysgu lot, ac mae lot o bethau da iawn yn dod drwy'n dwylo ni, ac rwy'n credu na fyddai rhai ohonyn nhw sydd yn llwyddo fel awduron yn llwyddo i wneud hynny heb yr amgylchiadau hyn. Rwy'n siŵr na fyddai'r rhan fwyaf yn llwyddo i roi ffurf a disgyblaeth i'r gwaith, er enghraifft, oni bai eu bod wedi dod ar gwrs fel hwn. Hefyd, o safbwynt y rhai fyddai wedi llwyddo beth bynnag, rwy'n siŵr y bydden nhw wedi cymryd pump i chwe mlynedd yn hwy.

Mae'n golygu dy fod ti'n gallu rhag-weld problemau, a gorchfygu cymhlethdodau'n gynt?

Ydi. Mae yna bethau eithaf sylfaenol – fel sut i ddatblygu deialog – y mae angen i'r unigolyn mwyaf deallus ei ddysgu. Ti'n gallu cyflymu'r broses yna i ryw raddau trwy drafodaeth. A weithiau rwyt ti'n gallu dysgu'r broses i bobl sydd ddim wedi ei deall wrth weithio eu hunain. Felly rwy'n gallu gweld lot o werth mewn dysgu ysgrifennu creadigol. Mwy o werth nag mewn dysgu lot o bethau eraill. Mae'n bwnc ymarferol iawn i wella gallu pobl i ysgrifennu'n gyffredinol. Mae yna lot o feirniaid sydd ddim yn gallu ysgrifennu'n dda iawn eu hunain, a bydden nhw'n cael lot o fudd o gyrsiau fel hyn – yr iaith ei hun yw'r peth pwysig. A ti'n gallu dysgu pethau digon syml fel y gwahaniaeth rhwng dangos a dweud… mae'n gallu datblygu tuag at reoli cyflymdra llif y rhyddiaith, sydd yn beth llawer mwy anodd i'w ddeall a'i reoli.

O fod yn bragmataidd, wyt ti'n rhywun sy'n rhoi targedau i ti dy hun? Wyt ti'n cyfrif geiriau er mwyn sbarduno pethau er enghraifft?

Wel, dim ond tair nofel rwy wedi ysgrifennu, ac yn yr un gyntaf, doeddwn i ddim yn gwybod beth roeddwn i'n ei wneud. Fydden i ddim wedi gorffen oni bai 'mod i wedi gosod targedau. Roeddwn i'n gweithio fel athro ysgol ar y pryd.

Sut wnest ti lwyddo?

Wel, fydden i ddim eisiau ei wneud e eto, mae'n rhaid i mi ddweud. Ysgrifennais i ran o *Griffri* o dan yr un amgylchiadau, achos redes i mas o amser. Gyda *Shifts*, roedd llyfr bach o farddoniaeth wedi dod mas, ac ro'n i mor ddiolchgar am gael y llyfr yna allan, ac roedd y peth yma, y darn yma gen i, ac mi benderfynais i drio ei orffen. Dwedes i wrthyf fy hunan 'mod i'n mynd i ysgrifennu rhywbeth bob dydd – brawddeg o leiaf. Rwy'n cofio dydd Nadolig ac roeddwn i yn nhŷ fy mam-yng-nghyfraith yng ngogledd Lloegr, a thynnu'r stwff mas a diflannu am awr, a dyna sut wnes i orffen y peth. Roedd e fel hud a lledrith: yn sydyn mi wnaeth e dyfu'n gyflym iawn, er nad ydw i'n gallu ysgrifennu'n gyflym. Gyda *Griffri* a *Sidereal Time*, ambell ddiwrnod, roedd lot o eiriau'n dod mas ond, ar y cyfan, rhyw 200 i 300 o eiriau – tudalen.

Dw innau'n gredwr cryf mewn sgwennu rhywbeth bob dydd – mae rhywbeth yn llawer mwy tebygol o ddod o rywbeth yn hytrach nag o ddim, a tra mae o yn y pen, tydi o'n ddim, ti'm yn meddwl?

Ie, roedd *Sidereal Time* yn anodd iawn am nifer o resymau. Rwy'n cofio mynd 'nôl ac ailysgrifennu rhywfaint ar y ddau ddiwrnod cyntaf yn gynnar iawn yn y broses, jest i fy nghadw i fynd fel petai…

Beth am y presennol? Wyt ti'n gweithio ar rywbeth ar hyn o bryd?

Gawn ni weld…

Cyfrolau gan Christopher Meredith:

barddoniaeth
This, 1984
Snaring Heaven, 1990

nofelau
Shifts, 1988
Griffri, 1991
Sidereal Time, 1998

i blant
Nadolig Bob Dydd, 2000

mihangel morgan

Cafodd Mihangel Morgan ei eni yn Aberdâr, yn ne Cymru, ac mae bellach yn darlithio yn yr Adran Gymraeg, Prifysgol Cymru Aberystwyth. Yn ogystal â dwy gyfrol o farddoniaeth, mae wedi cyhoeddi pum nofel, a phum cyfrol o straeon byrion. Enillodd ei nofel gyntaf, *Dirgel Ddyn*, y Fedal Ryddiaith yn Eisteddfod Genedlaethol 1993. Ei gyfrol ddiweddaraf yw *Pan Oeddwn Fachgen* (Y Lolfa, 2002).

Bûm yn ei gyfweld yn ei fwthyn yn Nhal-y-bont, Ceredigion, dros baned o de camri mewn llestri gwyn Siapaneaidd, ac o flaen tanllwyth o dân glo. Roedd un o'r cŵn, Losin, wrthi'n chwilio am lygod yn y cwpwrdd cefn. Roedd llyfrau o'n cwmpas ym mhob man – llyfrau garddio, dylunio, pensaernïaeth, heb sôn am y nofelau a'r cyfrolau o farddoniaeth sydd yn codi'n dyrrau at nenfwd pob ystafell.

Rwyt yn awdur cymharol doreithiog. Oes gan hyn rywbeth i'w wneud â'r ffaith dy fod yn gwrthod y syniad rhamantaidd o'r artist fel un sydd yn gaeth i chwa ysbrydoliaeth neu'r awen, a'th fod felly'n disgyblu dy hun i gyrraedd targedau arbennig, fel unrhyw job o waith?

Fyddwn i ddim yn wfftio'r syniad o ysbrydoliaeth fel un rhamantaidd – yr awen, efallai – ond mae ysbrydoliaeth yn hanfodol i unrhyw waith creadigol a dychmygol. Efallai fod y gair ei hunan 'ysbrydoliaeth' yn awgrymu agwedd ymhonnus, ond beth yw ysbrydoliaeth ond syniad? Heb syniadau fyddai yna ddim llawer o ddiben i hunanddisgyblaeth. Fe allwch chi fynd i eistedd wrth eich desg am saith o'r gloch bob bore, ond heb unrhyw syniadau byddech chi'n teimlo'n rhwystredig neu'n *blocked* yn fuan iawn. Gair arall am syniadau, i mi, yw ysbrydoliaeth. Ond mae syniadau yn bwysig. Does dim llawer o bwynt i'r awydd i sgrifennu os nad oes syniadau 'da chi, rhywbeth i'w ddweud, chwedl

Kate Roberts, yn y lle cyntaf. Dwi'n lwcus, mae 'da fi ddigon o syniadau ac mae cynlluniau newydd yn dod i mi o hyd, a dyna pam dwi'n weddol gynhyrchiol ddywedwn i, yn hytrach na bod targedau 'da fi. Does dim targedau 'da fi.

Rwyt yn ddarlithydd yn Adran Gymraeg, Prifysgol Cymru Aberystwyth. Sut wyt ti'n didoli'th amser? Oes gen ti amserlen arbennig ar gyfer gwaith creadigol, p'un ai fod gen ti broject mawr fel nofel ar y gweill ai peidio? Ydi dyddiadau wedi eu gosod gan gomisiynau yn symbyliad yr wyt yn ei groesawu?

Dwi ddim yn ddigon disgybledig i ddidoli f'amser. Dwi'n gweithio ar nofelau a storïau pan ga' i'r amser ac os oes awydd sgrifennu 'da fi. 'Nôl gydag ysbrydoliaeth eto. Ond dwi byth yn ceisio gwthio fy hunan i sgrifennu. Ar y llaw arall, gan fy mod i'n byw ar fy mhen fy hun, a does dim teledu 'da fi, dim cyfrifiadur, mae mwy o amser 'da fi efallai. Os oes gŵr neu wraig a phlant 'da chi, wel...

Ond os wyt ti'n arfer mynd at dy waith erbyn naw y bore, ac un diwrnod, oherwydd hunllef neu gythrwfl liw nos, ti'n deffro'n hwyr – dwyt ti ddim yn un o'r bobl yna sydd yn teimlo'r diwrnod wedi ei wastraffu'n llwyr wedyn? A bod dim pwynt – bod waeth i ti aros am ddiwrnod glân newydd?

Ydw, rwy'n teimlo hynna, ond dwi ddim gyda llaw yn credu chwaith fod unrhyw ddeunydd llenyddol i'w gael mewn breuddwydion na hunllefau.

Felly mae *routine* yn bwysig i ti?

Wel... tempo yw e yn hytrach nag amserlen. Tempo fy mywyd fy hun, tempo – er dy fod ti'n disgrifio'r gair fel un rhamantaidd – tempo f'ysbrydoliaeth fy hun.

Beth am baratoi set neu gyd-destun addas cyn dechrau ysgrifennu? Fyddi di'n dueddol i baratoi a chnesu gogyfer â'r gwaith trwy gael rhyw fath o seremoni – o wneud paned o goffi neu rywbeth cyn cychwyn, gofalu fod popeth yn ei le fel y dylai fod, fod pentwr o bapur wrth law... neu fedri di ysgrifennu unrhyw sut?

Wel ie... pethau fel'na... wi'n licio cael pot o de wrth f'ochr – te Tseina – yn y bore, ac wi wastad yn gorfod ysgrifennu efo pensel ar hyd llinellau gweddol o dene... os yw'r llinellau'n rhy drwchus neu agored, dyw hwnna ddim yn fy siwtio i; pensiliau HB, *propelling pencils*, nid y rhai sy'n gorfod cael eu hogi bob dydd.

Beth yw dy brofiad o'r berthynas rhwng awdur a chyhoeddwr? Rwyt wedi cyhoeddi hyd yma gydag o leiaf dri thŷ cyhoeddi gwahanol. Ydi hyn yn arwydd o anfodlonrwydd?

Dwi wedi cyhoeddi gyda phedwar tŷ cyhoeddi gwahanol erbyn hyn, heb gynnwys gweithiau addysgol ac academaidd sydd wedi cael eu cyhoeddi gyda chyhoeddwyr eraill. Ac ydi, gyda phob parch i'r cyhoeddwyr, mae'n arwydd o anfodlonrwydd. Dwi'n cael rhai cyhoeddwyr yn amhroffesiynol ynglŷn â thaliadau, a rhai sy'n amharod i drafod pethau fel diwyg llyfr neu sut mae'r gwaith yn dod yn ei flaen. Wedyn yr hen stori, 'Rŷn ni'n gobeithio cyhoeddi'r gyfrol 'ma at y Nadolig'. Y Nadolig yn dod. Dim llyfr. 'Rŷn ni'n bwriadu ei gyhoeddi erbyn y Steddfod.' Y Steddfod yn dod a'r llyfr yn cyrraedd ar y dydd Gwener, efallai. Ac mae hyn yn digwydd flwyddyn neu ddwy ar ôl i chi gyflwyno'r gwaith i'r cyhoeddwr.

Ar ben hynny, dwi'n cael trafferth i gael cyhoeddwyr at fy nant, a diwyg at fy nant dan yr un to. Mae dyluniad llyfrau Cymraeg yn druenus. Dwi'n licio arddull cysodi un wasg ond ddim yn licio agwedd y wasg honno tuag at yr awdur. Wedi dweud hynny mae cyhoeddi yn Gymraeg yn wahanol i'r Saesneg a ieithoedd eraill, efallai. Mae mwy o ryddid gydag awduron ac mae gan bob tŷ cyhoeddi ei rinweddau ei hun yn ogystal â'i wendidau, a liciwn i gefnogi pob un ohonynt.

Beth fuaset ti'n dweud ydi nodweddion y golygydd delfrydol? Mae yna draddodiad cymharol gryf o ymyrraeth olygyddol yn yr Unol Daleithiau, er enghraifft, sydd ddim mor amlwg yn y byd cyhoeddi llenyddol yn Lloegr, ac yn sicr, ddim yng Nghymru. Wyt ti'n gweld hyn fel gwendid? Ydi o'n adlewyrchu rhyw ddiffyg diddordeb sylfaenol ar ran y gweisg yn y gwaith? Neu ai rhywbeth ydi o sydd yn deillio o ddiffyg adnoddau'r gweisg, hynny ydi, fod diffyg traddodiad cyhoeddi tymor-hir ganddom yng Nghymru, a bod llawer ohonynt yn fusnesau bychain nad ydynt yn medru manteisio ar yr un lefel o arbenigedd â thai cyhoeddi mwy?

Roedd D H Lawrence, yn ôl y sôn, yn un awdur a oedd yn barod i gydweithio â'i olygyddion. Roedd Iris Murdoch ar y llaw arall yn ymwrthod ag unrhyw ymyrraeth. Lawrence oedd y callaf, oherwydd mae effeithiau Alzheimer's i'w gweld yn nofelau olaf Murdoch, a buasai unrhyw olygydd wedi gallu achub ei cham.

Y broblem gyda golygyddion Cymraeg yw eu bod yn tueddu i boeni am gywirdeb iaith ar draul pethau eraill. Er enghraifft, yn un o'm storïau dwi'n cyfeirio at Frantz Fanon, ond dim ond ar y funud olaf a thrwy lwc wnes i sylwi nad oeddwn i wedi sillafu ei enw yn iawn, a hynny ar ôl i'r proflenni gael eu darllen gan ddau olygydd. Weithiau maen nhw'n ymyrryd gormod... yn un o'm storïau yn *Tair Ochr y Geiniog*, mae Almaenwr yn sgrifennu llythyrau yn Gymraeg, ond fe hidlodd y golygyddion ei 'wallau' i gyd, ac yn y diwedd aeth y proflenni yn rhy gymhleth i adennill fy fersiwn gwreiddiol. Doeddwn i ddim yn synnu wedyn pan ddywedodd yr adolygwyr bod Cymraeg anghyffredin o gywir gan yr Almaenwr – a oedd yn dal i fod wrthi'n dysgu'r iaith yn y stori... Ond rwyt ti wedi taro dy fys ar y broblem. Prin yw'r amser sydd gan ein golygyddion – maen nhw ar frys o hyd gan fod gan y wasg lwyth o lyfrau eraill sy'n aros i gael eu golygu. Ar yr un pryd, mae'n rhaid i awdur gael golygydd y mae'n gallu ymddiried ynddo. Yn ddiweddar dwi wedi cydweithio'n dda gydag Eleri Huws ar *Melog* ac Eiry Jones ar *Dan Gadarn Goncrit*, *Cathod a Chŵn*, a'r *Ddynes Ddirgel*.

Yn Lloegr mae'r berthynas rhwng llenor a golygydd yn gallu bod yn bwysig iawn. Pan fo'i olygydd yn symud at dŷ cyhoeddi arall, mae'r llenor yn aml yn ei ddilyn. Hynny yw, mae'r berthynas rhwng awdur a'i olygydd yn bwysicach na'r berthynas â'i gyhoeddwr. Ond yn aml iawn, yn y byd Cymraeg, mae'r awdur bach yn gorfod derbyn y golygydd sydd yn cael ei gynnig iddo. Dwi wedi cael sawl brwydr yn y gorffennol. Hefyd, ar y cyfan, mae golygyddion o'r gogledd neu'r gorllewin (nid y ddwy dwi wedi eu henwi!) yn niweidio iaith y de ac yn mynnu'i 'Gogleddeiddio'. Mae hynny yn fy ngwylltio i. Prin yw'r gogleddwyr sy'n deall troeon ymadrodd ac idiomau'r de-ddwyrain. Dydyn nhw ddim yn deall rhai o'n geiriau chwaith. Mae'n broblem ofnadwy.

Felly, mae'r holl fusnes o olygu yn cwympo rhwng dwy stôl; gormod o ymyrraeth ar y naill law a dim digon ar y llall. Wrth ysgrifennu dwi ddim yn poeni'n ormodol am sillafu... dyw sillafu ddim yn bwysig... dwi'n disgwyl i'r golygydd wneud pob cywiriad angenrheidiol. Ond mae pethau eraill yn bwysig: ydi'r car ar dudalen 36 yr un lliw â'r un ar dudalen 107, ydi'r darn hwn o ddeialog yn taro deuddeg, ydi diwedd pennod 17 yn gweithio, oes yna nodyn ffals yma? Mae pethau fel hyn yn cael eu han-wybyddu gan y rhan fwyaf o olygyddion sydd yn gweithio yn y Gymraeg, a hynny ar gorn cywiro'r iaith... yn y pen draw, tydw i ddim yn teimlo fod cywiro iaith mor bwysig â hynny. Er enghraifft, roedd yr argraffiad cyntaf o *Y Pla* yn frith o wallau sillafu, teipos, gwallau atalnodi, ac roedd pob to bach yn y lle anghywir. Ond mae'r *Pla* yn dal i fod yn waith o athrylith, yn un o'n nofelau gorau heb os nac oni bai. Mae'n ddigon hawdd cywiro'r gwallau; dydyn nhw ddim o unrhyw bwys. Rhaid inni ymddihatru'n hunain o'r pedantigrwydd cul 'ma.

Cefaist dy fagu'n ddwyieithog. Beth wnaeth i ti benderfynu ysgrifennu'n Gymraeg yn unig? Wnest ti wneud dewis penodol i ysgrifennu mewn un iaith yn hytrach na'r llall? Neu wyt ti'n teimlo nad oedd yna ddewis?

Os ga i ddweud, gyda phob parch, dwi'n casáu cwestiynau fel'na. 'Na i gyd ti'n ei ofyn fyn'na yw i fi roi i ti fy *credentials*

Cymraeg, yntife? A wi'n casáu darllen am rywun yn sôn am yr hen fro, gwreiddiau dwfwn, bla-bla, bla-bla, bla-bla, bla-bla.

Dwi ddim eisie mynd ar ôl yr holl *crap* yna, ar ôl yr holl D J Williams a Kate Roberts... a nawr mae pawb eisiau bod yn Gymreicach na'i gilydd. Pwy a ŵyr yndife – wi wedi cael fy ngeni fan hyn yng Nghymru a wi'n ysgrifennu'n Gymraeg a dyna ni.

Doeddwn i ddim yn meddwl am y cwestiwn o safbwynt cymwysterau. Ella fy mod i'n meddwl am y peth o fy safbwynt fy hun – hynny yw, fod ambell i syniad am stori yn ffurfio trwy gyfrwng y Saesneg yn fy mhen, a stori arall, trwy gyfrwng y Gymraeg. Ond nid yr un straeon ydyn nhw chwaith. A mae yna adegau pan dwi'n sgwennu mwy yn Saesneg, a thro arall, mwy yn Gymraeg. Meddwl oeddwn i, wyt ti weithiau'n dy gael dy hun mewn sefyllfa debyg, ac os felly, sut wyt ti'n ymateb iddi?

Wel, na. Mae'n storïau a'n syniadau i i gyd yn Gymraeg. A wi'n gobeithio y bydda i'n gallu dal ati i weithio ar y Gymraeg ac yn Gymraeg am weddill fy oes.

Mae rhai o'th gerddi a'th straeon byrion wedi cael eu cyfieithu i'r Eidaleg (a rhai eraill ar fin ymddangos mewn Galisieg. Sut deimlad ydi gweld dy waith yn cael ei gyfieithu, ac yn cael ei gyflwyno i gynulleidfaoedd newydd nad wyt yn gyfarwydd â hwy?

Mae'n beth ofnadwy i gyfaddef, ond bydda i'n cael rhyw fath o wefr o falchder gwirion i weld fy ngwaith yn cael ei gyfieithu i ieithoedd eraill. Plentynnaidd bron.

Ydi o'n rhyw fath o deimlad fod yna ynni yn perthyn i dy waith di sydd yn peri ei fod yn medru atgenhedlu yn annibynnol oddi arnat, a hynny yn ddiderfyn?

Oes, mae gan rai llyfrau, rhai testunau eu bywyd eu hunain. Ond wi bron yn teimlo ei fod yn gywilyddus fod rhywun yn teimlo balchder ynghylch y peth.

Wyt ti'n meddwl y bydd y ffaith fod dy waith yn cael ei gyhoeddi fwyfwy y tu allan i Gymru yn mynd i ddylanwadu ar natur dy ysgrifennu? Hynny ydi, wyt ti'n cael awch i chwilota mwy yn nhraddodiad llenyddol yr Eidal, a'u llên gyfoes, gan fod dy waith dithau bellach wedi ymuno â'r cyd-destun hwnnw? Hefyd, fyddi di'n teimlo dy fod yn ysgrifennu ar gyfer cynulleidfa sydd, o fod wedi ehangu, wedi newid o ran natur?

Mae'n beryg, yn fy marn i, i awdur ddechrau meddwl am unrhyw gynulleidfa.

Dwi'n cytuno. Ond wrth weld dy waith ar dy silff lyfrau mewn Eidaleg, ydi dy chwilfrydedd di ddim yn cael ei ddeffro i ddarllen mwy o lenyddiaeth yr Eidal, er enghraifft? Fel ffordd o ddychmygu sut mae dy waith yn ffitio yn y cyd-destun Eidalaidd? Fyddi di ddim yn meddwl pwy fydd cyfoedion *Melog*, er enghraifft, yn ei fywyd newydd?

Sori, s'da fi ddim byd i weud am hynna. Ti moyn i fi draethu yn hir ar ffrindiau *Melog* yn yr Eidal, ond wi jyst ddim eisiau.

Wyt ti'n teimlo dy fod yn perthyn i gymuned o nofelwyr o gwbl? Hyd yn oed petai hynny ond yn haniaethol? Meddwl ydw i am Robin Llywelyn, Wiliam Owen Roberts ac Angharad Tomos, wnaeth wneud eu marc tua'r un adeg â chdithau, ac sydd hefyd yn perthyn i'r un genhedlaeth. Er, wrth gwrs, fod dy nofelau'n wahanol iawn i'w rhai hwythau. Fyddi di'n trafod dy waith efo awduron neu feirdd eraill? Efo unrhyw un arall, heblaw am y golygyddion hynny rwyt newydd sôn amdanynt?

Na, dydw i ddim yn teimlo unrhyw fath o gymundeb gyda'r bobl yna ti wedi enwi. Maen nhw'n hŷn na fi yn un peth.

Nac ydyn! Mae dau ohonyn nhw'n iau na chdi!

Dwi ddim yn nabod nhw, er bo fi wedi cwrdd â nhw unwaith neu ddwy. Dwi ddim yn nabod nhw fel cyfeillion.

Ydi o rywbeth i wneud efo'r ffaith eu bod nhw'n ogleddwyr?

Ydi, a hefyd, wrth gwrs, maen nhw'n dod o'r dosbarth canol a finnau'n dod o'r dosbarth gweithiol. Wi'n teimlo fod yna wahaniaeth yn ysbryd y gogleddwyr a'r deheuwyr, ddim bo fi'n dod mlaen yn well 'da'r deheuwyr chwaith – dwi ddim yn dod mlaen 'da Aled Islwyn, er enghraifft. Wi ddim yn teimlo unrhyw *solidarnosc* gyda llenorion eraill. 'Den ni gyd yn gweithio ar ein projectau'n hunain ar wahân, fel *archipelago* falle.

Weithiau, dwi'n teimlo rhyw fath o elyniaeth pan dwi'n cyfarfod â rhai fel Angharad Tomos – dyna'r *vibes* wi'n cael. Ta beth, fydden i byth yn dymuno cyfnewid gwaith ar y gweill, fel roedden nhw'n arfer neud yn Nulyn, Paris neu Brâg…

… A hefyd wrth gwrs, mae'r rhan helaetha ohonyn nhw'n heterorywiol, wedi priodi, gyda plant, ac i mi mae pobl fyl'na yn hollol aliwn, fel petaen nhw'n dod o blaned arall. Does dim iaith 'da ni'n gyffredin.

Wrth feddwl am ddylanwadau, pa awduron sydd wedi dylanwadu arnat fwyaf? A fyddi di'n gweld dy hun yn darllen mwy o nofelau wrth ysgrifennu'n greadigol? I chwilio am syniadau ac ysbrydoliaeth? Neu i sylwi ar ffyrdd awduron eraill o drin rhyw bwnc neu sefyllfa neu syniad?

Wi'n licio José Saramago, wi'n licio Italo Calvino, wi'n licio Sciascia, wi'n licio Fernando Pessoa, wi'n licio Kafka, wi'n licio Mishima, a wi'n licio William Borroughs. Wi'n licio gwaith Wil Roberts yn fawr iawn hefyd – fe yw'r gorau o'r genhedlaeth 'na. A wi'n dwli ar nofel gyntaf Owen Martell. Ond fydden i ddim yn dweud bod dim un o rheina wedi bod yn ddylanwad mawr arna i, neu wedi cael effaith ddofn… hwyrach eu bod yn effeithio arna i am ryw frawddeg neu ddwy, ond wedyn, mae'ch llais eich hun yn cymryd drosodd eto; er enghraifft, tase derbyn neu amsugno dylanwad llenorion eraill mor hawdd â jyst eu darllen nhw, bydden i'n darllen Proust, a bydde Proust wedyn yn llifo allan o 'mhensel *propeller* i. Ond dyw e ddim yn gweithio felly. Mae pethau sy'n dylanwadu arnoch chi'n gallu bod yn bethau chi wedi darllen yn sgleintiog, mewn stafell aros yn y deintydd, mewn cylchgrawn wedi dyddio mewn pentwr. Rhywbeth fyl'na sy'n dylanwadu arna i. Ond ie, falle bydden i'n cael mwy o ymdeimlad cymuned gyda rhai o'r llenorion yna dwi wedi eu henwi yn hytrach na gyda fy nghyd-lenorion Cymreig.

Pa rai yn arbennig?

Licen i feddwl… wel, mae'n swnio'n haerllug… Proust a Kafka! Ond dyna ni, dyna'r llenorion sydd yn siarad efo fi.

Dwi'n meddwl fod eu dylanwad nhw i'w weld yn reit glir yn dy waith di hefyd. Yr elfen o ddychan ar gymdeithas sydd i'w chael yn Proust…

Dwi'n meddwl fod Truman Capote wedi dylanwadu arna i'n fwy na neb. Dwi ddim yn gallu sgrifennu yn y ffordd delynegol mae e'n sgrifennu, ond yn sicr y dychan a'r speit a'r elfennau cwîni, *queer*. Gyda llaw, o'n i'n sôn nad oedd gen i ddim byd yn gyffredin gyda fy nghyfoedion… dwi ddim ise rhoi'r argraff fy mod i'n teimlo unrhyw fath o *solidarnosc* gydag awduron hoyw chwaith, yng Nghymru nac yn unrhyw le arall. Dwi'n teimlo wedi fy nieithrio oddi wrthyn nhw hefyd. Mae hwnna falle'n rhywbeth *queer* yn hytrach na hoyw… ond pan dwi'n gweld y sîn hoyw, mae'n rhywbeth hollol groes a gwrthun i mi. Felly, dwi ddim jyst yn gwrthod confensiynoldeb fy nghyfoedion, dwi'n gwrthod confensiynoldeb y gymuned hoyw hefyd.

Mae yna ddadlau mawr ar hyn o bryd ynghylch y cyfleoedd newydd sydd ar gael i astudio ysgrifennu creadigol fel gradd Brifysgol. Beth yw dy farn ar hynny a thithau'n dysgu cyrsiau o'r math yma dy hun? Wedi'r cwbl, os yw'r traddodiad o goleg celf yn gwbl dderbyniol i ni, pam na ddylai cyrsiau ysgrifennu creadigol fod?

Mi 'nes i gwrs sgrifennu creadigol fel rhan o fy ngradd, a dwi'n dysgu cwrs creadigol nawr yn yr Adran Gymraeg, ond dwi ddim yn meddwl mai dysgu ydych chi ond rhoi cyfle i bobl, a rhoi'r amser i bobl i sgrifennu ac i drafod. 'Na i gyd wyt ti'n gallu 'i wneud. Mae'r syniad o bobl yn cael eu geni i sgrifennu yn syniad rhamantaidd, ond dwi'n dal i gredu bod yr awydd i sgrifennu yn dod o rywle dwfwn. Felly nid mater o gael eich geni'n awdur falle – mae unrhyw un yn gallu sgrifennu – ond wrth gwrs mae mwy o ddeunydd 'da chi os yw'ch cefndir a'ch profiadau yn fwy poenus efallai... dioddefus falle.

Dwi'm yn siŵr a dwi'n cytuno efo hynna...
Falle bo ti ddim, ond dyna dwi'n feddwl. Dwi ddim yn gallu meddwl am unrhyw lenor o werth sydd wedi byw bywyd confensiynol a chyfforddus.

Ond onid ydi o gymaint i'w wneud â pherthynas person â'i brofiadau, a'r ffordd mae hi neu fo'n eu dehongli yn gymaint â'r profiadau eu hunain?
I mi, os yw rhywun sy'n byw rhyw fath o fywyd cyfforddus a chonfensiynol yn dehongli'r bywyd yna fel un problematig, dyw hwnna ddim yr un peth â byw bywyd problematig.

Nag ydi siŵr, ond mae llenyddiaeth yn ymwneud yn fwy na dim â'r broses o ddehongli, a sut mae rhywun yn dehongli ei brofiad sydd o ddiddordeb, nid y profiad ynddo ei hun.
Dŷn ni ddim yn mynd i gytuno ar y pwynt yma, er enghraifft, y llenor mwyaf cryf yn y Gymraeg yn yr ugeinfed ganrif yw Caradog Prichard yn fy marn i – mi gafodd broblemau meddyliol, roedd yn dod o deulu anodd. Dyw hynny ohono'i hun ddim yn eich gwneud chi'n llenor wrth gwrs, ond mae'n golygu fod mwy o ddeunydd gan y person yna. Beth mae rhywun efo bywyd anniddorol yn mynd i ysgrifennu amdano fe?

Wel, efallai am y ffaith fod ganddi hi neu fo fywyd anniddorol!
Ie, ma fe'n mynd i fod yn itha diflas 'te. A ma 'na lot o stwff syrffedus felly i'w gael ar hyn o bryd – Martin Amis, Joanna Trollope...

... a'r un arall yna efo sbectol gron...

Ian McEwan?
Ie...

Ond mae Ian McEwan yn ffantastig!
... ffasiynol ŷn nhw, ond does dim dyfnder profiad yn eu gwaith nhw. Ma nhw'n gorfod ffeindio dyfnder mewn llefydd lle nad oes dim dyfnder.

Gan ein bod ni'n sôn am awduron Saesneg, sut fuaset ti'n teimlo ynghylch gweld dy waith yn ymddangos yn Saesneg? Mae Seren, er enghraifft, wedi cychwyn cyfres o brif weithiau llenyddiaeth Gymraeg yr ugeinfed ganrif mewn cyfieithiad, sy'n cynnwys, hyd yma, _Monica_, Saunders Lewis, a'r _Pla /Pestilence_ gan Wiliam Owen Roberts. Fuaset ti'n croesawu gwahoddiad i gael dy waith wedi ei gynnwys mewn cyfres o'r fath, neu fuaset ti'n ystyried bod cyhoeddi cyfieithiad Saesneg gyda chyhoeddwr yng Nghymru (yn hytrach na Lloegr), yn dwyn cynulleidfa oddi wrth y gyfrol Gymraeg, fydd ddim yn trafferthu wedyn i ymdrechu i ddarllen dy waith yn Gymraeg, neu o leiaf wella eu Cymraeg er mwyn gwneud hynny?

Mae Saesneg yn fater gwahanol i'r ieithoedd eraill. Mae gormod o Saesneg ac o lyfrau Saesneg yn y byd heb ychwanegu atyn nhw gyda chyfieithiadau o'r Gymraeg. Dwi ddim yn arbennig o awyddus i weld llawer o'm gwaith yn cael ei gyhoeddi yn Saesneg.

Ond dwyt ti ddim yn teimlo fod hyn yn gyfle i'r Gymraeg ddylanwadu ar deithi iaith a llenyddiaeth Saesneg?
Nac ydw.

Mae'n rhaid i mi gyfaddef ei bod yn anodd dy gyfweld heb sôn am ysgrifennu cain a chŵn – dau beth cwbl wahanol, y naill yn gywrain, a'r llall yn flewog flêr. Rwyt yn geinlinolydd proffesiynol, sydd wedi datblygu dy arddull wreiddiol a phersonol dy hun. Roeddet hefyd yn dweud dy fod yn sgwennu popeth efo llaw – mewn pensel neu feiro denau, denau'n aml iawn. Dwi'n medru gweld llond pot ohonyn nhw ar dy ddesg rŵan – yn biws, gwyrdd, glas golau, brown... Sut wyt ti'n cymodi'r ceinder a'r gosgeiddrwydd hwn sy'n nodweddu dy lawysgrifen â'r Keeshond blewog direidus – Losin – sydd yn neidio o un celficyn i'r llall ac yn rhedeg fel peth gwallgo rownd a rownd y tŷ? Beth yw perthynas cŵn â dy waith creadigol? Mae gen ti bob math o gŵn eraill o gwmpas y tŷ hefyd – er enghraifft yr un mawr glas acw mewn plastar gan Catrin Howells... ac allor i gŵn yng nghornel yr ystafell hon.
Allor i Keeshonden yw honna, nid jyst i unrhyw gŵn, gyda llaw. A dwi'n ffeindio fe'n hawdd eu cysoni – mae Losin yn

greadur lluniaidd iawn, ac mae ei blewogrwydd yn eitha hardd i mi – dyna un o'r rhesymau dwi wedi dewis yr epil yma. Felly does gen i ddim problem wrth eu cysoni.

Rwyt yn un o'r awduron cyntaf i ysgrifennu am brofiadau hoyw yn Gymraeg. Dwi'n meddwl am *Melog* a *Tair Ochr y Geiniog*, hefyd, dy gerddi, sydd yn meddu ar ddireidi ac osgo'r camp, er enghraifft, 'Mimi, mae dy long wedi mynd'. Ydi o'n dy wylltio di pan wyt yn darllen astudiaethau beirniadol sydd yn mynd ar ôl y trywydd hwnnw?
I ddechrau, wi'n meddwl bo chi'n gorfod gwahaniaethu rhwng hoyw a gwrywgydiaeth... mae hynna'n bwysig. Mi allwch chi sôn am lenorion sy'n crybwyll pethau cyfunrywiol cyn fi, er enghraifft, Prosser Rhys, a wedyn, mae 'na sôn am gerdd ddaeth yn agos at y gadair neu'r goron ar ôl hynny sy'n trafod profiadau cyfunrywiol, ond mae howyder yn rhywbeth gwahanol. Mae 'na elfen fwy positif ynglŷn â'r peth yn fy marn i, ac felly, mae hawl 'da fi i ddweud mai un o fy ngherddi i oedd y gerdd hoyw gyntaf i'w hysgrifennu yn Gymraeg, 'nôl yn yr wythdegau. Ond beth ddigwyddodd bron yr un flwyddyn oedd i lot o bobl eraill gyhoeddi pethau hoyw – Chris Dafis a'i gyfrol *Ac Ystrydebau Eraill*, ac wedyn daeth nofel Aled Islwyn, *Pedolau Dros y Crud* – felly mae'n rhaid fod fy ngherdd i'n perthyn i ryw fath o *zeitgeist*.

Bydden i'n licio meddwl fy mod i'n perthyn i fudiad mwy radicalaidd na hoyw, sef *queer*. Mwy milwriaethus. Mae'n medru cynnwys pobl sydd ddim o angenrheidrwydd yn hoyw – pobl sy'n trawswisgo, pobl trawsrywiol ac ati – fyddwn i ddim yn fy niffinio fy hunan fel hoyw, hyd yn oed. Mae ffyrdd hoywon wedi mynd yn ofnadwy o gonfensiynol i mi – maen nhw'n moyn bob yn ŵr a gwraig, jyst yr un peth â phobl heterorywiol... byw gyda'i gilydd yn yr un tŷ, mabwysiadu plant, ac yn y diwedd, beth sydd gyda chi yw *two point four children...* y *Volvo* yn y *drive...* i mi ma' hwnna'n hollol, hollol ddiflas. Beth yw'r pwynt o drio bod yn heterorywiol bron? Mae'r mudiad *queer* yn dweud s'dim ots os chi'n ein derbyn ni neu beidio. Hefyd, bydden i'n gobeithio bod *queer* yn fwy anodd i'w ddiffinio gan feirniaid a chan ddamcaniaethau llenyddol. Dim bo fi isie gwahardd pobl rhag byw fel yr hoywon sy'n moyn cydradd-oldeb a pharchusrwydd, ond i mi ma fe'n hollol ddi-ddychymyg.

Er enghraifft, yn *Tair Ochr y Geiniog*, mae'r llythyrwr yma dwi eisoes wedi ei grybwyll yn byw yn Awstria, ac mae'n anfon ei lythyrau at rywun yng Nghymru. Mae'n disgrifio ei brofiadau yn Berlin, lle mae'n cael profiadau rhywiol eitha anghonfensiynol... nid perthynas cogio bod yn Mr a Mrs... a falle fod hwnna'n annymunol i rai pobl, ond pobl sydd ddim wedi archwilio eu rhywioldeb eu hunain yw'r rheina. Ac wedyn yn yr un gyfrol, mae yna ddyn sy'n cael perthynas yn llythrennol yn y tywyllwch; mae'n ymweld â'r dyn yma ond byth yn ei weld, a mae hwnna eto'n cwestiynu'r holl syniad o baru, o barau priod.

Er gwaetha'r ffaith dy fod yn dweud na ddylai awdur feddwl am ei gynulleidfa, ydi diffyg aeddfedrwydd darllenwyr Cymraeg weithiau'n peri dy fod yn sensora'th waith wrth ysgrifennu?

Dwi'n dechrau blino ar anaeddfedrwydd beirniaid, yn blino ar bobl yn dweud bod fy nghymeriadau yn 'bobl y cyrion'. Dim ond person o'r canol confensiynol fyddai'n gallu gweld cymeriadau yn y goleuni haerllug yna. A dwi wedi cael llond bol ar y dechneg simplistig o gymryd un o'm cymeriadau benywaidd, Ann Griffiths neu Mama Losin, er enghraifft, a gweud, ''Na fe, mae'i fenywod i gyd yn ddreigiau. Mae Mihangel Morgan yn casáu menywod!' Dyw fy nghymeriadau benywaidd i ddim yn cynrychioli f'agwedd bersonol i tuag at fenywod. Neu fe allwch chi gymryd fy nghymeriadau gwrywaidd, Dr Jones neu Mr Cadwaladr, a gwerd, ''Na fe, mae'n casáu dynion'. Mae'r beirniaid 'na mor dwp â chwstard oer.

A dwi ddim wedi sgrifennu sut gymaint o bethau hoyw neu *queer* a gweud y gwir. Ond sai'n credu bo fi'n sensro fy ngwaith fy hun. Dwi jyst ddim yn meddwl pwy sy'n darllen y gwaith... nid yn unig dwi'n trio peidio, dwi ddim yn gorfod ymdrechu i feddwl am y peth. Go brin fod pobl sy'n darllen Cymraeg yn mynd i weld pethau fel dwi'n eu gweld nhw. Y teimlad dwi'n gael yw fod pobl yn camddeall be dwi'n sgrifennu a be dwi'n gweud. Yn dehongli pethau mewn ffordd hollol wahanol.

Ond dyw hynna ddim yn gyffrous?

Fel y dywedodd Augustus Strindberg, beth yw'r pwynt siarad – 'den ni ddim yn gallu twyllo'n gilydd. A dwi'n meddwl mai dyna'r broblem yn yr oes fodern ac ôl-fodern... neu falle bydde T H Parry-Williams yn dweud ein bod yn twyllo'n gilydd drwy'r amser... ond weithie dwi'n teimlo beth yw'r pwynt pan dwi'n sgrifennu rhywbeth iddo gael ei ddehongli wedyn yn gwbl, gwbl wahanol.

Ond mae cyfathrebu yn gyfaddawd siawns? Mae pob gweithred o gyfathrebu'n gorfod ymdopi â *shift* mewn ystyr.

Mae'r *shift* yna'n fy ngwylltio i!

Cyfrolau gan Mihangel Morgan:

barddoniaeth
Diflaniad Fy Fi, 1988
Beth yw Rhif Ffôn Duw?, 1991
Creision Hud, 2001

nofelau
Dirgel Ddyn, 1993
Melog, 1997
Dan Gadarn Goncrit, 1999
Y Ddynes Ddirgel, 2001
Pan Oeddwn Fachgen, 2002
Fflwchafflachen... , 2003

storïau
Hen Lwybr a Storïau Eraill, 1993
Saith Pechod Marwol, 1993
Te Gyda'r Frenhines, 1994
Tair Ochr y Geiniog, 1996
Y Corff yn y Parc, 1999
Cathod a Chŵn, 2000

angharad tomos

Ganwyd Angharad Tomos yn 1958 a'i magu yn Llanwnda, ger Caernarfon. Yn ogystal ag fel llenor, gwnaeth enw iddi ei hun fel ymgyrchwraig dros Gymdeithas yr Iaith, a threuliodd nifer o gyfnodau yn y carchar am ei hymgyrchoedd. Enillodd Fedal Lenyddiaeth Eisteddfod Genedlaethol yr Urdd ym Mhwllheli yn 1982 am ei chyfrol *Hen Fyd Hurt*, ac ers hynny, enillodd Fedal Ryddiaith yr Eisteddfod Genedlaethol yn 1991 am ei nofel *Si Hei Lwli*, ac am yr eildro yn 1997 gyda'i nofel ddiweddaraf, *Wele'n Gwawrio*. Cyhoeddodd chwe chyfrol greadigol i gyd, nifer o lyfrau i blant (a enillodd iddi Wobr Tir na n-Óg ddwywaith) ynghyd ag astudiaeth ddiweddar o fywyd a gwaith ei thaid.

Cyrhaeddais fwthyn 'Betws' yn un o strydoedd cefn Pen-y-groes ar noson glir o haf, a'r Eifl yn fframio'r tirlun cyn disgyn i'r môr ryw ddwy filltir o ardd gefn Angharad Tomos. Roedd hi ar y ffôn pan agorodd y drws, ac mi eisteddais i yn ymyl grât lechen i aros, a'r geiriau 'yr un yw baich gwerin byd' wedi eu cerfio ar ei

hyd. Yn gwmni i mi, roedd cadair fawr bren tywyll, gyda chefn uchel iddi, ac awyrgylch oedd yn gymysgedd o elfennau Sgandinafaidd a chyffyrddiadau oedd yn atgoffa rhywun o du mewn i Dŷ Crynwyr. Yn y man, aethom drwy'r gegin i'r stafell gefn oedd yn agor i'r ardd, ac eistedd wrth fwrdd fformeica i gael potyn o de cyn dechrau holi.

Er nad ydi dy waith bob amser yn uniongyrchol wleidyddol, mae'n anodd gwahanu dy waith creadigol oddi wrth dy gyfraniad gwleidyddol i ddiwylliant Cymru. I ba raddau wyt ti'n meddwl bod modd gwahanu'th gymhelliad i sgwennu nofelau oddi wrth dy gymhelliad i weithredu'n wleidyddol?

Dydw i ddim yn siŵr a oes modd gwahaniaethu rhwng y ddau beth. Mi fyddwn i'n dweud bod y naill yn rhan annatod o'r llall.

YR UN YW BAICH GWERIN BYD

Ilun Marian Delyth

Ond beth am y tensiwn rhwng uniongrededd ideolegol ac ysgrifennu nofelau?

Mae'n haws gen i feddwl amdanaf fy hun fel ymgyrchydd sy'n sgwennu yn hytrach nag awdur sy'n gweithredu. Yr hyn sy'n creu'r tensiwn yw amser. Beth wnewch chi â'ch amser? Ei dreulio yn llenydda, neu droi ati i wynebu materion llosg y dydd, a cheisio gwneud rhywbeth? Mae gan Winifred Holtby sylwadau treiddgar ar hyn. Yr oedd hi'n awdures, ond yn ymgyrchu'n ddyfal dros heddwch. Mewn byd cyfiawn, fallai byddai yna lawer mwy o gyfle i greu, ond beth fyddai'n cymhelliad? Anghyfiawnder yn aml yw'r sbardun sy'n peri i rywun droi ati i sgwennu. Rydw i'n dechrau gyda'r persbectif fy mod i'n ymgyrchu, a 'mod i hefyd yn sgwennu. Hynny ydi, fyddwn i ddim yn medru gwahanu'r cymhelliad i sgwennu nofelau oddi wrth y cymhelliad i ymgyrchu. Mae'n deillio o'r un peth.

Fedri di sôn rywfaint sut wnest ti ddechrau sgwennu'n y lle cyntaf 'ta?

Rwy'n cofio rhoi cynnig ar gystadleuaeth y gadair yn yr ysgol – roedd pawb o'r chweched dosbarth yn gorfod cystadlu. Ac mi wnes i ennill – yn gwbl, gwbl annisgwyl. Dyna'r tro cyntaf i mi feddwl fallai fod gen i ddawn yn y cyfeiriad hwn. Ond roedd sgwennu yn dod mor rhwydd ag anadlu i mi.

Oeddet ti'n ei fwynhau o?

Ers pan o'n i'n bedair ar ddeg oed, rydw i'n cadw dyddiadur – ers i mi ddarllen *Dyddiadur Ann Frank*. Rydw i'n sgrifennu'n ddefosiynol ynddo – yn rhoi geiriau i brofiadau a theimladau a gobeithion. Wn i ddim ai 'mwynhau' ydi'r gair. Rhywbeth sy'n *rhaid* ei wneud ydyw – rhywbeth sy'n gwneud synnwyr o bethau, rhywbeth sy'n rhoi trefn a mynegiant i'r profiad o fyw. Os nad ydw i wedi cael cyfle i sgwennu yn y dyddiadur, mae'r profiad bron iawn yn anghyflawn. Wrth wneud hynny, ro'n i hefyd yn cael prentisiaeth dda yn y grefft o hunanfynegiant.

Mae yna fyd o wahaniaeth, wrth gwrs, rhwng hynny a chreu darn o lenyddiaeth, ond mae'r gwaith caib a rhaw yn cael ei wneud gyda'r dyddiadur – y dasg o roi llais i brofiad.

Mae'n ddiddorol dy fod yn sôn am ddyddiaduron, gan dy fod yn amlwg yn hoff o sgwennu yn y person cyntaf – dyna'r norm yn dy nofelau yntê? Ac wedyn *Yma o Hyd* ar ffurf dyddiadur.

Mae'n siŵr fod sgwennu yn y person cyntaf yn dod yn haws oherwydd ei fod o'n tyfu'n naturiol o ffurf y dyddiadur. Efo *Yma o Hyd*, y testun gan yr Eisteddfod oedd 'Dyddiadur wedi ei ysgrifennu mewn cymdeithas neilltuedig' – roedd o'n gyfle delfrydol! Roeddwn i wedi bod eisiau mynegi'r profiad o fod yn y carchar, ond roedd Meg Elis wedi gwneud hynny'n barod ac wedi gwneud hynny o safbwynt bod yn garcharor iaith, ac felly ro'n i eisiau gwneud rhywbeth ychydig yn wahanol. Mi sgwennais *Yma O Hyd* am i mi fod mewn sefyllfa rwystredig iawn, o gael fy rhyddhau o garchar, a hynny'n groes i fy ewyllys. Roedd gen i rywbeth i'w ddweud, i'w fynegi – am sefyllfa'r byd a'r profiad o fod yn rhan o'r byd hwnnw.

Wrth gwrs, mi allet ddweud fod gwleidyddiaeth yn ymwneud yn sylfaenol â chyfathrebu – o leiaf y wleidyddiaeth yr wyt ti'n ei gweithredu, yn hytrach na gwleidyddiaeth parti fel y cyfryw.

Fyddwn i ddim yn galw gwleidyddiaeth parti yn wleidydd-iaeth yn yr ystyr buraf. Ymgiprys am rym y mae gwleidydd-iaeth bleidiol yn aml iawn. Gwleidyddiaeth i mi yw ceisio newid cydbwysedd grym yn y byd, a'r dasg yn aml yw cael y rhyddid i feddwl drosom ein hunain. Mae cyfathrebu torfol yn ymgais i geisio cael pawb yn y wladwriaeth i feddwl yr un fath. Mae yna gyfathrebu amgen, sy'n rhoi'r rhyddid i bobl ddysgu a meddwl yn annibynnol. Mae unrhyw gyfathrebu felly, drwy air neu weithred, yn gyfrwng i agor meddyliau.

Felly, efallai ei bod yn ddigon naturiol fod y ddau beth – gwleidyddiaeth ac ysgrifennu creadigol – fel rwyt ty'n dweud yn deillio o'r cymhelliad i gyfathrebu rhywbeth, a chael pobl i ymateb...

Yr hyn yr ydw i'n ceisio ei wneud, drwy air a gweithred, ydi rhannu'r profiad o fod yn Gymraes ar ddiwedd yr ugeinfed a dechrau'r unfed ganrif ar hugain. Rydan ni'n byw mewn cyfnod arbennig o gynhyrfus, a chyfnod argyfyngus yr un pryd. Mae'n anodd peidio sgwennu ac ymgyrchu mewn cyfnod fel hwn. Mae fy nghenhedlaeth i yn ymwybodol mai ni o bosib yw'r bobl olaf i gael y fraint o fyw mewn cymdeithas naturiol Gymraeg. Fedrwch chi ddim cael sefyllfa fwy dramatig yn llenyddol na hynny. Fedrwch chi ychwaith ddim cael sefyllfa mor ingol yn wleidyddol. Rhoi llais i'r profiad yw ein dyletswydd ni – mae gan y gynulleidfa y rhyddid i ymateb ym mha fodd bynnag y dymunant.

Beth am ddefnyddio'r nofel i wneud i ddarllenwyr deimlo'n anghyfforddus ac felly eu hysgogi i ymateb yn wleidyddol a chymdeithasol? Dwyt ti ddim yn meddwl ei fod o'n rhyw fath o lwybr mwy igam-ogam, ond effeithiol, efallai, yn y pen draw, o weithredu'n wleidyddol?

Fydda i byth yn sgwennu efo'r bwriad o wneud i bobl deimlo'n anghyfforddus. A dweud y gwir, dydw i erioed wedi deall y cyflwr o fod yn 'anghyfforddus' am gyfnod maith. Os ydi rhywun yn teimlo ei gydwybod yn ang-hyfforddus, mae angen ymateb i leddfu'r gydwybod honno. Os ydi rhywun yn anghyfforddus am gyfnod hir, yna dydi o neu hi ddim yn teimlo'n *ddigon* anghyfforddus i newid ei sefyllfa.

Mae realiti'r sefyllfa, ffeithiau plaen, yn ddigon i'n hanesmwytho. Dylai hyn fod yn ddigon i'n hysgogi i wneud rhywbeth, oni bai wrth gwrs ein bod wedi anobeithio. Saunders Lewis ddywedodd nad oedd dim haws nag anobeithio, a mynd ymlaen â'n bywydau.

Lle fyddi di'n sgwennu?

Pan oeddwn i'n sgwennu *Si Hei Lwli*, mi ddaru mi ddianc i orllewin Iwerddon am ddeufis, er mwyn cael llonydd. Pan o'n i'n sgwennu *Titrwm*, roedd gan fy chwaer dŷ wrthi'n cael ei wneud, ac mi fyddwn i'n mynd yno – tŷ gwag heb fawr o ddodrefn na ffôn ynddo, ond roedd yna ddistawrwydd. Ro'n i'n medru mynd i fan'no heb i neb wybod ble ro'n i. Y cwbl mae rhywun eisiau ydi rhywle heb ffôn! Wedyn, efo *Wele'n Gwawrio*, roedd hi wedi mynd mor hwyr fel nad oedd gen i amser i fynd i ffwrdd. Roedd gen i fy nghartref fy hun erbyn hynny, felly sgwennu yn fan hyn ddaru mi – ddydd a nos, a thynnu'r ffôn oddi ar y bachyn...

Lle? Fan hyn yn y gegin gefn yn sbio allan ar yr Eifl?

Trwadd yn y stafell ffrynt.

Fyddi di ddim yn sgwennu fan hyn?

Mae gen i stydi, ond mi fydda i'n cysylltu fan'no hefo gwaith, felly mi fydda i'n symud i'r parlwr dim ond i deimlo fy mod i mewn lle gwahanol. Wedyn mi roedd y llyfrau oedd gen i'n ymwneud â'r gwaith creadigol wrth law yn y fan honno.

Ac yn y stydi, gwaith o fath arall fyddi di'n ei wneud felly?

Ia, gwaith bob dydd – sgwennu erthyglau, gwaith ymchwil, darllen, paratoi – yn y stydi mae'r cyfrifiadur, ac mi rydw i'n rhwym i hwnnw efo llawer iawn o bethau.

Fyddi di'n sgwennu yn yr ardd?

Ddim yn aml iawn. Mae gen i gwt yn yr ardd, ac mae o'n lle dymunol iawn i ddarllen – nes 'mod i'n dechrau garddio!

Efo be fyddi di'n sgwennu?

Efo llaw yn gynta, a'i deipio a'i addasu fo ar gyfrifiadur.

Efo beiro? Pa fath? Fyddi di'n ffyslyd efo hynny?

Na, dim byd arbennig. Ia, beiro ran amlaf. Beiro drwchus ddu, os oes un wrth law. Y peth pwysicaf i mi efo sgwennu ydi cael trafod y gwaith hefo pwy bynnag sy'n fodlon. Dyna'r unig sgwrs sydd gen i a dweud y gwir yn ystod cyfnod y creu. Dydw i ond yn sôn yn awr am gyfnod o wythnosau. Mi fyddaf yn gadael pethau mor hwyr fel bod yn rhaid canolbwyntio'n llwyr ar hwnnw, a dim byd arall.

Efo *Wele'n Gwawrio*, roeddwn i'n trafod drwy'r amser efo Ben y gŵr, er nad oedd o'n byw hefo fi ar y pryd. Wrth ffonio, mi fydda fo'n gofyn i mi, 'Beth sydd wedi digwydd i ti heddiw?' Ac ro'n i mewn byd arall – byd y nofel. Wedyn mi fydda fo'n deud, 'O wel, pam na 'nei di wneud hyn, a fel arall?' A wedyn mi fydda Dad a Mam yn ei ddarllen o, ac yn awgrymu petha. Mi fydda Dad yn ffonio weithiau ac yn dweud 'Iechyd, syniad da fasa gwneud hyn... Ac wedyn mi fyddwn i'n dadlau efo fo. Roedden ni'n byw yn y byd dychmygol hwn, ac yn trafod cymeriadau nad oedd wedi eu geni eto. Roedd o'n braf – yng nghyfnod y gwallgofrwydd hwn (does 'na 'run gair arall amdano) – i gael pobl oedd reit ynghanol y stori ac yn deall y plot a'r cymeriadau ddigon i ddadlau a thrafod efo mi. Ond fasa gen i mo'r digwilydd-dra efo llawer o bobl i ofyn iddyn nhw ddarllen fy ngwaith. Doedd Ben ddim yn darllen Cymraeg ar y pryd hyd yn oed, ond roedd o'n adnabod y stori, y lleoliad, yr Wyddfa, a'r cymeriadau. Roedd o wedi byw trwy'r profiad. Doedd fy mam, gyda llaw, ddim yn licio rhai o'r cymeriadau ar y dechrau; roedd hi yn eu gweld yn od.

Oeddet ti'n cael hynny'n anodd?

Pobl od oedd rhai o'r cymeriadau yn *Wele'n Gwawrio*, a rhai yn ddigon anghynnes. Ro'n i wedi rhoi enwau gwahanol iddyn nhw, a cheisio peidio â gwneud y gwaith yn rhy realistig. Ro'n i'n gwybod i raddau pa fath o gymeriadau ro'n i isio. Doedd ymateb Mam felly ddim yn fy synnu'n ormodol. Ond roedd hi'n cynrychioli y darllenydd cyffredin, ac mi wyddwn na fedrwn i fentro dieithrio'r darllenydd yn ormodol. Y gamp ydi derbyn yr ymateb, ond peidio newid y gwaith yn ormodol o ganlyniad.

Weithiau mi fyddwn i'n ansicr, ac mi fyddwn i'n gofyn iddyn nhw, 'Be dach chi'n feddwl ddylai ddigwydd?' Roedd Mam yn teimlo y dylai *Wele'n Gwawrio* orffen lle mae'r prif gymeriad yn cau ei llygaid – fel ag y nododd Robin Llywelyn yn ei feirniadaeth. Ond roedd gen i ormod o ofn bod yn sownd mewn arch! Ro'n i eisiau mynd ymlaen i ddelio efo tragwyddoldeb.

Rwyt ti'n sôn am y cymeriadau fel petaent yn gig a gwaed neu'n estyniad o'th fywyd. Sut fath o ffin sydd rhwng ffuglen a bywyd go-iawn?

Pan fyddaf yn y broses o sgwennu llyfr, mae cymeriadau'r llyfr hwnnw yn fwy real i mi na rhai bywyd bob dydd. Byddaf yn meddwl amdanynt ddydd a nos, ac oherwydd 'mod i dan glo yn ystod y broses o sgwennu, fydda i ddim yn ymwneud gymaint â hynny â realiti. Fy realiti yn ystod y cyfnod hwnnw yw'r nofel sydd wrthi'n cael ei chreu. Pan fyddaf yn darllen nofelau eraill, ni chaf unrhyw drafferth ymgolli'n llwyr yn y gwaith dychmygol hwnnw. Ar adegau eraill, mae bywyd ei hun yn ymdebygu mwy i nofel. Dyna ydi bywyd, mynd a dod rhwng 'ffuglen' a 'realiti'.

Mewn blwyddyn, faint o amser fyddi di'n ei dreulio ar sgwennu creadigol?

Dim syniad! Tua hanner y flwyddyn efallai? Fedra i ddim dweud fy mod i wedi cynhyrchu cymaint a chymaint – ar wahân i bedair nofel a thua pymtheg o lyfrau plant. Ond mae erthygl wythnosol ac ymateb i geisiadau fel hyn yn golygu sgwennu o fath gwahanol, ac yna mae gweddill yr amser yn cael ei dreulio yn siarad efo plant a phobl *am y* broses o sgwennu.

Wyt ti'n hoff o sgwennu llyfrau plant?

Mae o'n hollol wahanol i sgwennu i oedolion. Efo lluniau mae stori i blant bach yn cychwyn. Mae fel cartŵn symudol yn fy mhen, ac mi fydda i'n ceisio dal peth o'r stori mewn cyfres o luniau llonydd, ac yna'n troi ati i ddechrau sgwennu. Yr hyn sydd yr un mor bwysig mewn llyfrau plant ac oedolion yw cael yr awyrgylch iawn, y tempo, y naws. Unwaith mae hwnnw gennych, gallwch gychwyn arni o ddifri.

Mae'n siŵr bod angen cryn dipyn o ddychymyg wrth sgwennu llyfrau plant? Dychmygu sut mae plant yn meddwl...

Ges i'r syniad am Rala Rwdins drwy ei seilio ar gymeriad fy mam, a Rwdlan ar fy chwaer fach. I raddau, mae'r cymeriadu yn union yr un fath â nofelau oedolion, dim ond bod rhywun yn mynd i eithafion. Strempan ydi'r un gas, y Dewin Doeth ydi'r un twp, y Dewin Dwl ydi'r un dyfeisgar. Nodweddion dynol sy'n perthyn iddynt, ond mae rhywun yn cael mynd dros ben llestri. Wn i ddim a oes eisiau *mwy* o ddychymyg wrth sgwennu i blant. Y peth pwysig ydi peidio mynd i'r rhigol o feddwl 'Sut mae plant yn meddwl?' Fydda i byth yn penderfynu 'mod i am 'sgwennu i blant'. Yn hytrach, dwi'n cael andros o stori dda yn fy mhen, ac yn meddwl, "*Dyna* stori fyddai plant yn ei hoffi!" Mae yna elfen swreal iawn mewn sgwennu llyfrau plant. Does dim ffiniau, fawr o gonfensiynau – mae plant mor newydd fel eu bod yn barod i dderbyn unrhyw beth.

Efallai fod sgwennu i blant fel cael eich anfon allan i chwarae. Rydach chi'n rhydd yn yr awyr iach ac mi all y dychymyg fynd ar garlam; does yna neb i weiddi 'Paid!'

Fyddi di'n darllen llawer? Beth fyddi di'n ei fwynhau?

Dwi'n hoffi hunangofiannau. Dwi'n hoff o stwff o Dde America. Mi fydda i'n darllen rhywbeth sydd wedi ei gymeradwyo gan rywun arall, ac mi fydda i'n aml yn lecio mynd ar ôl mwy o stwff yr un awdur wedyn. Llynedd, darllenais holl weithiau Vera Brittain, ac roedd yn rhaid i mi gael mynd i Fflandrys i weld beddau'r Rhyfel Byd Cyntaf. Soniodd rhywun am waith Sebastian Faulkes, felly darllenais *Birdsong*. Pethau i'w rhannu ydi llyfrau – pethau i fynd o law i law. Wedi darllen nofelau Milan Kundera, roedd yn rhaid i mi gael mynd i Brâg. Wedi darllen gwaith Parry-Williams ac Isabel Allende, roedd hynny'n sbardun i ymweld â De America.

Fyddi di'n darllen mwy wrth ysgrifennu dy hun? Neu wyt ti'n ffeindio hynny'n llestair?

Na, dwi'n licio darllen tra 'mod i'n cyfansoddi. Mae darllen gwaith rhywun arall ben bore yn rhoi awydd sgwennu i mi. Ro'n i'n darllen *Trainspotting* wrth sgwennu *Wele'n Gwawrio*, ac mae'n siŵr bod rhai o'r cymeriadau wedi eu dylanwadu gan hynny. Hefyd, mi fydd yna ddylanwadau cerddorol weithiau. Dwi'n cofio meddwl cryn dipyn am gân Twm Morys, 'Y Sŵn', ac mi wnes i ddefnyddio honno fel ffugenw ar gyfer un o'r nofelau.

Pa un?

Titrwm.

Felly, dwyt ti ddim o angenrheidrwydd yn gweld y syniad creiddiol mewn geiriau?

Yn aml iawn, mi fydda i'n cael syniadau o gân gan rywun fel Steve Eaves, neu gerddoriaeth ddieiriau. Mi garwn i gael y ddawn o allu creu cerddoriaeth. Mae cerddoriaeth yn gyfrwng llawer mwy amwys, fel celf, a fentra i ddweud – yn ffurf burach efallai? Petawn i'n gerddor, dwi'n dychmygu fy hun yn dawnsio yn nhraed fy sanau. Wrth sgwennu, dwi'n debycach i rywun yn gwisgo esgidiau hoelion mawr.

Fyddi di'n peintio?

Ro'n i ers talwm – cyn i ryw arholwr roi marciau a'm gosod mewn bocs. Bellach, dim ond lluniau Rala Rwdins fydda i'n eu gwneud. Ond mae gen i ddiddordeb ysol mewn celf. Ac mi fydda i'n licio ffilmiau'n ofnadwy. Mi welais i un o ffilmiau Peter Greenway, *Prospero's Books*, tra o'n i'n sgwennu *Titrwm*, ac roedd honno'n ffilm ryfeddol a gafodd dipyn o argraff arnaf. Ac wedyn mae'r syniad yna o rywun mewn arch yn mynd yn ôl i'r cyfnod pan welais i *Doctor Zhivago* yn blentyn. Mae'r ffilm yn cychwyn efo angladd a cheir golygfa o'r fam mewn arch. Efallai am i mi gael fy magu heb deledu i ffilmiau ddylanwadu yn fwy na'r cyffredin arnaf, nid o angenrheidrwydd y stori ond awyrgylch y ffilm sy'n medru dod yn ôl dro ar ôl tro.

Ble mae'r sinema agosaf?

Porthmadog, neu Harlech, neu Fangor. Dwi wrth fy modd efo ffilmiau, achos mae o'n gyfuniad o iaith a delweddau. Pe cawn i ddod yn ôl i'r ddaear, mi garwn i fod yn gyfar-wyddwr ffilm – efo digonedd o gyllideb!

Fyddet ti'n cytuno efo'r syniad rhamantus bod nofelau da'n deillio o amgylchiadau anodd?

Ges i ddadl fawr ynghylch hyn pan o'n i'n yr ysgol efo Gareth Miles oedd yn athro Saesneg arna i. Mi sgwennais werthfawrogiad o *Wuthering Heights*, ac ro'n i wedi gwirioni efo hanes teulu'r Brontës, ac wedi gweld lle roeddent yn byw. Roedd hanner y traethawd yn sôn am fywyd caled Charlotte Brontë. Ond dadleuodd Gareth Miles nad oedd a wnelo hyn ddim â'r gwaith ei hun; y dylai'r gwaith gael ei feirniadu am ei werth *llenyddol* a dim byd allanol, hunan-gofiannol. Roedd hi'n wers bwysig, ond wnaeth hynny ddim fy stopio rhag cymryd diddordeb ysol ym mywydau sgwenwyr, a dydw i ddim yn meddwl y byddai Charlotte Brontë wedi sgwennu'r hyn a wnaeth heblaw ei bod wedi byw y bywyd hwnnw. Yr wrth-ddadl ydi fod miloedd o ferched eraill wedi cael yr un bywyd, ond na ddaeth cyfrol fel *Wuthering Heights* ganddynt.

Dwi'n digwydd credu bod amgylchedd neu ble mae rhywun yn cael ei fagu yn allweddol. Faswn i ddim pwy ydw i oni bai fy mod i wedi fy magu fan hyn, yn ardal Llanwnda a Phen-y-groes. A Parry-Williams yr un fath; Rhyd-ddu a'i ffurfiodd o. Wrth gwrs, nid amgylchedd ydi'r unig beth sy'n dylanwadu ar rywun. Mae'r oes y magwyd rhywun ynddi yn dylanwadu yn drwm ar berson, a digwyddiadau hanesyddol.

Mae'r cwestiwn o amgylchiadau anodd fel amod celfyddyd yn un difyr hefyd yng nghyd-destun nofelwyr Comiwnyddol, ac mae'r cwestiwn yn codi a ydi'r holl nofelau Comiwnyddol yn mynd i stopio oherwydd fod yr argyfwng Sofietaidd wedi dod i ben. Ond tydw i ddim yn meddwl y gwnaiff o. Does dim prinder dioddefaint yn y byd, a bydd pobl yn dal i sgwennu amdano; y natur ddynol ydi deunydd nofelau yn y bôn ac, wrth gwrs, mae honno'n wynebu gwahanol argyfyngau'n barhaus.

Pan est ti i'r Coleg, mi wnest ti adael i fynd i weithio i Gymdeithas yr Iaith yn do?

Mi adewais i ar ôl y flwyddyn gyntaf a dweud na fyddwn i byth yn mynd yn ôl i'r brifysgol. Ro'n i'n casáu'r system. Roedd o'n gymaint o ryddhad i mi adael yr ysgol nes efallai bod fy nisgwyliadau o fywyd coleg yn uchel, ond roedd coleg yn ymddangos yn hollol amherthnasol i'm bywyd. Gadewais heb feddwl o ddifrif beth oeddwn i'n mynd i'w wneud. A doedd hynny ddim yn datrys y broblem; roedd rhaid trio meddwl am y dyfodol. Daeth swydd ysgrifennydd Cymdeithas yr Iaith yn wag yn fuan wedyn, ac mi gefais i'r swydd honno.

Ond mi est ti'n ôl wedyn yn do?

Bûm yn gweithio gyda Chymdeithas yr Iaith am flwyddyn, ond doeddwn i ddim am deimlo fod coleg wedi fy ngorchfygu. Felly, euthum yn ôl, ond bu raid i mi ail-wneud y flwyddyn gyntaf, a byw adref. Gwnes radd gyfun mewn Cymraeg a Chymdeithaseg. Doedd gen i ddim diddordeb yn yr ochr ramadegol o'r cwrs Cymraeg. Gwleidyddiaeth oedd fy niddordeb mawr.

Roeddet ti'n dweud dy fod yn mynd o gwmpas grwpiau i siarad am sgwennu creadigol...

Grwpiau plant, cymdeithasau llenyddol, cyfarfodydd Merched y Wawr. A'r un bregeth sydd gen i iddynt i gyd – cymrwch ddalen o bapur a phensel a dechrau cadw dydd-iadur, rhag ofn nad oes yna neb arall wedi cofnodi hanes yr ardal honno neu hanes eu cenhedlaeth. Yr ymateb yn aml iawn, yn enwedig ymysg merched, yw y byddai hynny'n rhywbeth anodd iawn iddynt ei wneud – eistedd i lawr a mynegi profiadau. Does ganddyn nhw mo'r amser i wneud hynny a byddent yn teimlo'n euog yn rhoi'r fath amser iddynt eu hunain. I mi, mae o'n brofiad therapiwtig. Fedrwn i ddim gadael i ddiwrnod fynd heibio heb sgwennu mewn dyddiadur. Mae yna rywbeth ar goll oni bai fy mod i wedi gwneud hynna.

Wir?

Ond i rai pobl, tydi sgwennu fel hyn ddim yn dod yn rhwydd o gwbl, hyd yn oed sgwennu llythyr. I'r rhai sydd yn gallu sgwennu, mi fydda i'n dweud peidiwch â phoeni am gyhoeddi'r gwaith, neu pwy fyddai'n debyg o'i ddarllen. Sgwennwch er eich mwyn eich hun, a bydd yn ddifyr eithriadol edrych yn ôl arno ymhen blynyddoedd. Mae gen i un dyddiadur sydd yn gofnod o'r hyn sydd wedi digwydd, ac un arall y byddaf yn sgwennu ynddo'n llai aml sy'n cofnodi teimladau.

Os ydi rhywun rhy brysur i sgwennu dyddiadur, yna – mae'n rhy brysur! Gwneud amser ydi'r unig ateb.

Yr un fath â gwneud ymarfer corff?

Tydi o ddim yn cymryd cymaint â hynny o amser. Wedi dweud hynna, mae sawl un yn dweud bod y ffôn yn gyfrwng haws i gyfathrebu. Mater o ddewis ydi mynegiant ar bapur neu fynegiant llafar. Does yr un yn well na'r llall. Felly mi fydda i'n gwahanu pobl yn berson ffôn a pherson llythyr.

Ydi hynny'n golygu dy fod yn treulio'r rhan fwyaf o'r diwrnod wedyn yn ysgrifennu?

Er bod rhywun yn cael blwyddyn i ysgrifennu yng nghystadleuaeth y Fedal Ryddiaith, mae'r chwe neu'r naw mis cynta'n mynd i gael y syniad, llunio'r cymeriadau a chynllunio'r plot; y peth olaf un ydi'r sgwennu. Mae'r syniad, y llais, a'r plot yn digwydd yn feddyliol.

Fyddi di'm yn sgwennu pethau ar bapur bryd hynny?

Ddim cymaint â hynny. Efo *Wele'n Gwawrio*, 'y canol llonydd' oedd y testun, a dyma ddarllen popeth gan Morgan Llwyd i chwilio am wreiddyn syniad. Y syniad cyntaf oedd yr un am leian, ac euthum ar drywydd hynny, gan wrando ar gerddoriaeth grefyddol, a darllen am fywydau lleianod, ond wedi mis ni ddaeth dim o hynny. Mae'n bwysig cydnabod hynny, a mynd ar drywydd arall yn syth, yn hytrach na cheisio gorfodi syniad o rywbeth nad yw'n debyg o weithio.

Ond dwyt ti ddim ar adegau'n sylweddoli hynny'n rhy hwyr?

Yn aml iawn! Ond ofer ceisio dilyn trywydd gwael, dim ond cloddio twll dyfnach iddi ei hun mae'r awdur yn ei wneud. Mae'n well rhoi'r gorau iddi'n gyfan gwbl. Os ydi rhywun yn taro ar syniad da, mae'n fater o fanteisio ar bob awr o'r dydd wedi hynny, hyd yn oed os yw'n golygu lleihad mewn cwsg!

Wrth ddarllen nofel gan awdur o Frasil gefais i'r syniad am awdur wedi marw yn sgrifennu.

Wyt ti'n cofio pwy oedd yr awdur hwnnw?

Epitaph of a Small Winner oedd enw'r llyfr, a sgrifennwyd ym 1880 gan Machado de Assis. Doedd o ddim yn sgrifennu'n lleddf, ond yn hytrach roedd yn mwynhau dweud hanes ei fywyd – ac yntau wedi marw. Mi gydiodd y syniad ynof, a dyma ddechrau meddwl beth fyddwn i yn ei sgwennu petawn i wedi croesi'r Iorddonen. Roedd yn rhaid iddo weddu i'r teitl, 'y canol llonydd', ond gyda pherson marw yn ganolbwynt y stori, doedd hynny ddim yn broblem!

Ond sut oeddet ti'n symud o'r hedyn yna at ddechrau sgwennu?

Penderfynu ar y dôn, neu naws y nofel oedd y cam nesaf – a fyddai hi'n stori ddwys ai peidio. Dechreuais sgwennu a dychmygu fy hun mewn arch, ac euthum mor bell â gorwedd ar lawr a cheisio dychmygu'r teimladau fyddai'n mynd trwy feddwl rhywun. Nid yn annisgwyl, rhoddodd hynny'r felan i mi! Sylweddolais nad oedd modd cadw'r fath ddwyster drwy gydol y nofel ac y byddai'n rhaid cael gwedd ysgafnach. Wedyn dyma gael y syniad – y gŵr gafodd y syniad – gofynnodd a oedd y cymeriad wedi marw ar *ddechrau*'r llyfr, ac a oedd caead yr arch wedi cau. Sylweddolais os *nad* oedd caead yr arch wedi cau, gyda pheth dychymyg, gallwn ganiatáu i'r cymeriad weld, a chlywed a synhwyro; yr unig beth a gollwyd oedd y gallu i symud. Rhoddodd hynny lawer mwy o gyfle i mi. Dechreuais sgwennu o gwmpas hynny, ond aeth hynny hefyd yn feichus, er fy ngwaethaf. Yn y diwedd, penderfynais na fyddai'r cymeriad yn marw tan hanner ffordd drwy'r stori. O ganlyniad, roedd hi'n llawer haws cael y cymeriad yn fyw drwy gydol yr hanner cynta, yna'n marw yn y canol, a rhoi'r drwydded i'r cymeriad fod yn hanner ymwybodol tan ddiwedd y stori.

Roedd hynny'n rhoi fframwaith wedyn, mae'n siŵr?

Petawn i wedi marw'n gelain, fydda 'na ddim byd i sgwennu amdano – nid yn y person cyntaf beth bynnag. Ond os oedd y synhwyrau yn peidio fesul un wedi i'r person farw, roedd gen i linynnau brau i'm cadw mewn cysylltiad â'r byd hwn.

Wrth i mi gychwyn sgwennu'r gwaith, gofynnodd ffrind i mi pam na fyddwn i'n sgwennu nofel am ein cenhedlaeth ni y dwthwn hwnnw; y ni yn y presennol, a pheidio â rhamantu am y dyddiau a fu. A dyna ydi hanner cynta'r llyfr.

Wedi i'r peth gydio, rwy'n mwynhau'r broses o sgwennu – mae'r gwaith caled meddyliol wedi ei wneud. Mae'n siŵr mai dyna pryd mae rhywun yn gwybod ei fod ar y trywydd iawn, gan ei fod yn cael ei gynhyrfu'n llwyr gan y syniad ac yn methu stopio meddwl amdano fo ddydd a nos. Daeth y syniad am y mileniwm yn ddiweddarach. Aeth y gŵr a finnau i ben yr Wyddfa (neu i Ben y Pas!) ar Nos Galan 1996, cyn i'r llyfr gael ei sgwennu. Dyna pryd ddaeth y syniad fod rhywun yn dathlu'r mileniwm ar ben yr Wyddfa, ac yn marw'r un noson.

Fyddi di'n hoff o grwydro?

Byddaf, mae'n rhan bwysig o fywyd. Ond bues i ddim dramor tan oeddwn i ryw bump ar hugain oed.

Lle fuest ti?

Catalunya yn gyntaf. Cafodd Cymdeithas yr Iaith wahoddiad i fynd yno i weld sut oedd y Catalwniaid yn ymgyrchu dros eu hiaith. Euthum yno efo Dafydd Morgan Lewis a Karl Davies. Doedd dim arian gan y trefnwyr, ond fe aethom ar ein liwt ein hunain a chefais flas ar deithio. Mae mynd ar ddirprwyaeth yn rhoi darlun llawer mwy cyflawn o wlad i berson – bûm ar ddirprwyaeth i Wlad y Basg, Iwerddon a Nicaragua wedi hynny.

Fyddi di'n mynd i ffwrdd yn reit aml?

Unwaith neu ddwywaith y flwyddyn, o leiaf. Rydw i wedi ymweld â mwyafrif gwledydd Ewrop, ac wedi bod yn yr Unol Daleithiau a De America. Un o'r teithiau hwyaf oedd taith am fis ar drên o amgylch Dwyrain Ewrop. Mi fyddwn wrth fy modd yn ymweld â Rwsia, Tseina a rhai o wledydd Affrica. Dim ond yr esgus lleiaf ydw i eisiau i fynd ar daith.

Fyddi di'n trio cadw dyddiadur bryd hynny, codi syniadau...

Na, mi fydda i'n cymryd y teithiau hyn yn wyliau. Rydw i'n gredwr cryf mewn ymlacio'n llwyr ar wyliau. Mae o'n gyfle arbennig o dda i ddarllen peth wmbredd hefyd, yn enwedig ar drên neu awyren. Ond wrth gwrs, mae naws rhyw fan neu olygfa arbennig yn aros yn y cof. Mi gyfansoddais stori fer ar ôl bod yn Nicaragua ac wedi ymweld â Fenis...

Pa un?

Am Nicaragua? Dwi'm yn siŵr a gafodd ei chyhoeddi. Mi rois hi mewn cystadleuaeth yn y Steddfod, ond dywedodd y beirniad ei bod yn fwy o ysgrif na stori fer! Ymweld â hen eglwys ym Managua, prifddinas Nicaragua, oedd yr ysbrydoliaeth, ac roedd yn sôn am angylion a chwyldroadwyr.

A Fenis?

'Y Gŵr wrth Ddyfroedd Hunllef', sydd wedi ei chyhoeddi yn *Storïau'r Troad*, Gwasg Gomer. Y prif gymeriad ynddi oedd trempyn a welais yn Fenis wrth Bont yr Ocheneidiau, a dyma bendroni beth oedd ei feddyliau. Dychmygais fod y trempyn wedi bod yn un o fyddinoedd Mussolini, ac wedi ymweld â'r *ghetto* Iddewig yn Fenis, a'i fod fel milwr Ffasgaidd yn cyrraedd gwersyll carchar. Yn rhyfedd, dychwelais i Fenis ar ôl sgwennu'r stori, bedair blynedd yn ddiweddarach, ac roedd yr un dyn yno, ac mi dynnais ei lun.

Pan oeddet ti'n sgwennu'r straeon yma oedd wedi eu gosod yn bell i ffwrdd, dramor, oeddet ti'n ei chael yn anodd ail-greu'r manylion?

Dim mewn gwirionedd. Mae'n bwysig cael yr enwau'n gywir, a'r manylion daearyddol wrth gwrs. Ond yr hyn rwy'n ceisio ei ddal yw awyrgylch y rhan honno o'r byd, a chyfleu peth o'r dieithrwch. Ond ar y cyfan, tydw i ddim yn hoff iawn o sgwennu straeon byrion. Dydyn nhw ddim yn dod yn rhwydd o gwbl – canfas rhy fach efallai.

Gorfod cyfyngu dy hun i gongl?

Dwi'n ei chael hi'n fwy o broblem rhoi rhywbeth mewn ychydig o eiriau. Efallai hefyd fy mod yn dueddol o gael syniadau sydd yn ymwneud â thestunau rhy fawr – pethau megis bywyd a marw, tra mai cynildeb sydd ei angen efo stori fer. Dydw i ddim yn teimlo'n gyffforddus efo'r cyfrwng. Ar y llaw arall, tydw i ddim yn cael trafferth efo'r ysgrif. Mi fydda i'n sgwennu ysgrif i'r *Herald* bob wythnos – rhyw fil o eiriau, ac mae rhywun yn mynd i'r arfer o wneud hynny, ac mae'n llawer haws nag ysgrifennu creadigol! Dwi'n cael sôn am bethau diriaethol sydd wedi digwydd, pethau cyfoes.

Ond yn gyffredinol, mi rwyt yn gymharol hyblyg o safbwynt dy fywyd bob dydd, yn dwyt?

Cwbl hyblyg. Cymysgedd o waith ydw i yn ei wneud. Rydw i newydd dreulio tair wythnos ar broject i'r Steddfod Genedlaethol, yn annog plant i sgwennu'n greadigol. Ar adegau eraill, efallai y bydda i'n sgwennu gwerslyfr. Mae yna gyfnodau wedyn rhwng projectau o'r math yna pan gaf gyfle i feddwl am lyfr cwbl newydd.

Ond faint o amser mae project megis dy ymrwymiad i Gymdeithas yr Iaith yn ei gymryd? Tebyg i swydd ran-amser?

Roedd hi'n arfer bod yn swydd ran-amser am flynyddoedd. Bellach, er bod mwyafrif fy ngwaith gwleidyddol yn waith gyda Chymdeithas yr Iaith, rydw i'n ymwneud â phob math o ymgyrchoedd eraill – ymgyrch Nicaragua, ymgyrch yn erbyn awyrennau'r Hawks yn Sir Fôn, Dwyrain Timor, Argae Ilisu, ymgyrchoedd heddwch. Does dim prinder achosion sydd yn mynnu eich amser!

Pan fyddi di'n gweithio ar nofel, beth fydd dy amserlen di?

Wel, efo'r pedair dwi wedi eu hysgrifennu, pan fo'r sgwennu'n dod yn y diwedd, ac oherwydd fy mod wedi eu hysgrifennu ar gyfer yr Eisteddfod, gyda dyddiad cau ar y gorwel, mae'n golygu mai dim ond rhyw ddau neu dri mis sydd gen i. Efo *Si Hei Lwli*, mi es i Iwerddon a chau fy hun i mewn yn fan'no.

Ar ben dy hun?

Ia, wedyn roedd hi'n haws, heb y ffôn a dyletswyddau fan hyn. A dim ond canolbwyntio yn fan'na gan fod cyn lleied o amser. Eisteddais i lawr a dechrau sgwennu.

Oeddet ti'n nabod unrhyw un yn y cyffiniau?

Na, ddim felly, ond mi wnes i ffrindiau efo'r ddynas oedd yn gosod y tŷ i mi yn y pentref, a'r hogan drws nesaf, ac mi ddaeth fy nheulu i draw, felly doedd o ddim mor feudwy-aidd â hynny chwaith. Ac mi ddaeth ffrindiau draw. Wrth gwrs, roedd rhywun yn canfod nad oedd modd sgwennu'n solat drwy'r dydd. A hyd yn oed pan fyddwn i ar ben fy hun, mi fyddwn i'n sgwennu'n y bore, ond mynd allan yn pnawn, a sgwennu eto gyda'r nos. Er hynny, mi roedd o'n dal i fod yn gyfnod gwaith eithaf dwys.

A doeddet ti ddim yn cael y felan?

Os oeddwn i'n cael y felan, mi fyddwn i'n troi ati i sgwennu llythyr, neu'n mynd am dro. Wedyn, roeddwn i yno dros y Dolig. Mi wnaeth yr hogan drws nesa ofyn a o'n i eisiau mynd atynt am ginio Dolig, ond doedd gen i ddim digon o amser. Ro'n i wedi gadael pethau'n rhy hwyr. Ar bnawn Nadolig (wedi cael cawl a phwdin-Dolig-i-un) euthum am dro i Gugan Barra, ar awgrym Jâms Niclas. Roedd hynny'n brofiad swreal braidd. Roedd yna fantais bod mewn gwlad arall. Yma, yng Nghymru, mi fyddai pawb wedi dweud (o glywed fy mod i'n sgwennu) 'mod i'n ceisio am y Fedal Ryddiaith. Tra yn y fan honno, o'n i'n medru dweud *'writing a book'*, a doeddan nhw ddim yn holi mwy.

Roedd *Si Hei Lwli* yn deillio o'r ffaith fy mod wedi colli chwaer Nain, ac ro'n i wedi mynd â dipyn o ddeunydd efo mi i f'atgoffa ohoni, ond doeddwn i mo'i angen o. Wedi cyrraedd Iwerddon a dechrau sgwennu, a disgrifio ei chymeriad, fe ddaeth y cyfan yn ôl i mi. Roedd o hefyd yn golygu bod rhywun yn agor y drysau yn y pen fel petai, a'i bod hi'n anodd cysgu. Euthum i'r arfer o sgwennu tan hanner nos, tra petawn i efo pobl eraill, fyddwn i ddim yn gweithio mor hwyr.

Oeddet ti'n ffeindio dy fod yn colli rhythm ac ati ar adegau, o fod allan o gyd-destun?

Wel, roeddwn i'n cael trafferth ymlacio a mynd i gysgu, achos ro'n i'n dal i gyfansoddi yn fy mhen wedi cyrraedd y gwely. Roeddwn i hefyd yn byw ac yn bwyta prydau ac yn ymlacio ar fy mhen fy hun, ac yn colli'r cyfle i drafod, sydd mor bwysig i mi.

Fyddi di'n cael problemau cysgu yn gyffredinol?

Na fyddaf – ddim o gwbl. Ond dydw i ddim yn cael trafferth deffro chwaith. Os af i'm gwely'n gynnar, tydi deffro am bump ddim yn rhywbeth anghyffredin.

Felly be fyddet ti'n ei wneud pan nad oeddet yn medru cysgu?

Mae'r meddwl yn dal i gario ymlaen i gyfansoddi – dydi o ddim yn deall ei bod yn amser cysgu! Unwaith, mi deimlais fod y stori wedi mynd i rigol, a'i bod yn colli ei blas. Felly mi gymres i ddalen lân, a sgwennu golygfa od, honno yn *Si Hei Lwli* efo'r ddwy wraig yn dod allan o'r car ac yn disgyn i lawr, ac mae un yn troi'n ifanc. Roeddwn i'n amheus ar y pryd a fyddai hon yn olygfa fyddai'n ffitio'r nofel, ond mi wnes i fentro ei rhoi i mewn, achos dyna hanfod y llyfr, bod y ddwy ferch yma'n dod i nabod ei gilydd yn well, ac mai

dim ond amser, blynyddoedd, oedd yn eu gwahanu. Dyna pam y gofynnais i'r artist ddarlunio'r olygfa honno ar y clawr. Mae'n siŵr na wnes i sylweddoli tan ddiwedd y llyfr mai dyma oedd hanfod y stori. Mae'n help weithiau mynd i gyfeiriad gwahanol wedi cychwyn – er i mi bryderu na fyddai pobl yn deall y peth. Ond wedyn, nid fi ddylai benderfynu beth fydd pobl yn ei ddeall; mae lle i fentro ambell waith. Mae'n siŵr mai *Si Hei Lwli* oedd y tro cyntaf i mi sgwennu ond yn rhannol yn y person cyntaf – roedd cymeriad yr hen wreigan yn y trydydd person.

Mae'n amlwg dy fod yn hoff o ddefnyddio deunydd go-iawn, a hyd yn oed pobl go-iawn fel man cychwyn ar gyfer dy waith. Wyt ti'n meddwl ei bod yn egwyddor call i ysgrifennu am y pethau hynny mae rhywun yn eu hadnabod yn dda (fel yr anogwyd ni yn yr ysgol). Ydi hi'n egwyddor sy'n debygol o arwain, ar y cyfan, at well ysgrifennu?

Mae'n wir i ddweud mai dim ond dau brif beth yn fy ngwaith – y profiad o fod yn feichiog yn *Titrwm*, a marw'n fyw yn *Wele'n Gwawrio* – yw'r rhai sydd ddim yn deillio o brofiad uniongyrchol. Er, roedd fy ffrind yn feichiog wrth i mi sgwennu *Titrwm*, ac felly roedd rhywun yn cael y profiad yn ail-law. Daeth y syniad gwaelodol am *Titrwm* wrth i mi gael llun yn fy meddwl o ddynes yn edrych ar ddau ddyn yn ymladd a hithau'n noson ola leuad. Dyna'r unig dro i mi gael llun yn fy meddwl a ddaeth yn sail i nofel. Ro'n i'n trio meddwl a oedd un wedi lladd y llall, a beth oedd natur y berthynas rhyngddyn nhw. Triongl reit gonfensiynol oedd yr ateb yn y diwedd; roedd un yn gariad a'r llall yn frawd, y naill yn lladd y llall, a'r rheswm am hynny oedd fod y ferch wedi ei threisio gan un ohonynt. Dwi'n digwydd credu mai dim ond nifer cyfyngedig o blotiau sydd ar gael, a mater o ailbobi'r rhain ydi sgwennu. Dyna felly sut y daeth y syniad fod y wraig yn feichiog. Ac mi benderfynais 'mod i am fentro sgwennu rhywbeth a minnau heb brofiad ohono.

Oes gen ti nofel arall ar y gweill?

Oes – bob dydd! Mae'r nofel yn amrywio llawer iawn o wythnos i wythnos. Weithiau, mae'n syniad da am cyn gymaint â mis. Weithiau, mae mwy nag un nofel yn fy mhoced. Ond nes y byddant yn ymffurfio'n well yn fy meddwl, does dim pwrpas estyn am fy mhin sgwennu a cheisio rhoi gwisg grand iddynt. Felly, maent yn aros ar eu ffurf gyntefig yn fy meddwl. Tra eu bod yno, mae gobaith cyson iddynt fod yn nofelau gwirioneddol fawr. Mae rhan ohonof yn anfoddog i'w tynnu o fyd y dychymyg a rhoi ffurf bapur iddynt.

Cyfrolau gan Angharad Tomos:

Rwy'n Gweld yr Haul, cyfrol y Fedal Lenyddiaeth, Eisteddfod Genedlaethol Urdd Gobaith Cymru, 1981
Hen Fyd Hurt, cyfrol y Fedal Lenyddiaeth, Eisteddfod Genedlaethol Urdd Gobaith Cymru, 1982
Yma o Hyd, 1985
Si Hei Lwli, 1991
Titrwm, 1994
Wele'n Gwawrio, 1997
Cnonyn Aflonydd, 2001
Hiraeth am Yfory, 2002

plant
Tair cyfrol ar ddeg yng nghyfres *Rwdlan*, 1987–2001
Sothach a Sglyfath, 1993

robin llywelyn

Robin Llywelyn yw Rheolwr Gyfarwyddwr Portmeirion, ac fe ysgrifennwyd ei weithiau llenyddol mewn cyfnodau o amser rhydd a gipiwyd o gwmpas gofynion ei waith a'i gyfrifoldebau fel tad i ddau o blant. Mae'n byw yn Dorlan Goch, mewn llecyn hyfryd ar lan y foryd ym Mhortmeirion. Enillodd ei nofel gyntaf, *Seren Wen ar Gefndir Gwyn* (1992), lu o wobrau, gan gynnwys Medal Ryddiaith yr Eisteddfod Genedlaethol, gwobr Llyfr y Flwyddyn Cyngor Celfyddydau Cymru a Gwobr Goffa Griffith John Williams yr Academi Gymreig. Mae hefyd yn awdur casgliad o straeon byrion, *Y Dŵr Mawr Llwyd* (1995), ac ail nofel, *O'r Harbwr Gwag i'r Cefnfor Gwyn* (1994), a enillodd iddo'r Fedal Ryddiaith am yr eildro, yn ogystal â Gwobr Awdur y Flwyddyn y BBC. Cyfieithwyd *O'r Harbwr Gwag* i'r Saesneg (Parthian), a'r Eidaleg (Piero Manni), a *Seren Wen ar Gefndir Gwyn* i'r Ffrangeg (Terre de Brume, 2003). Bydd yn ymddangos yn 2003 yn Saesneg gyda gwasg Parthian.

Sut wnest ti ddechrau ysgrifennu? Ai *Seren Wen ar Gefndir Gwyn* oedd dy waith creadigol cyntaf i gael ei gyhoeddi?

Heblaw am nofel fer ddisylwedd a sgwennais ar gyfer cwrs ysgrifennu creadigol tua 1982, wnes i ddim sgwennu dim byd tan *Seren Wen* – rhwng diwedd Tachwedd 1991 a chanol Ionawr 1992.

Am beth oedd y nofel gynta un honno?

Am y byd o'm cwmpas i yr adeg honno am wn i. Toes gen i fawr o go o'r stori. Fe'i sgwennwyd yn fras hefo beiro cyn teipio drafft terfynol ar deipiadur trydan – doedd fawr o sôn am wampiwrs geiriau ddechrau'r wyth degau.

Mae llawer wedi disgrifio dy waith fel ffuglen ffantasïol gydag elfennau gwyddonias. Oedd o'n fwriad gen ti sgwennu yn y modd hwn? Wnest ti ystyried dulliau eraill o sgwennu, megis dull oedd

yn perthyn yn dynnach i'r confensiwn realaidd? Fyddai byrdwn *Seren Wen* neu *O'r Harbwr Gwag* wedi gallu gweithio ar ffurf arall?

Wnes i erioed feddwl am arddull na chynnwys cyn dechrau sgrifennu. Dipyn o hwyl oedd cychwyn hefo Gwern ar ei daith i'r Tir Bach, dipyn o antur yn fwy na dim, a finnau heb wybod beth oedd i ddilyn. Dilyn fy nhrwyn ddaru mi wrth sgwennu rhan helaethaf *Seren Wen*. Nid felly hefo *Harbwr Gwag* chwaith. Gwnes ymdrech ymwybodol i ddefnyddio'r trydydd person yn hytrach na'r person cyntaf ar gyfer yr ail nofel, a defnyddio arddull fwy ffurfiol oherwydd hynny. Ni fyddai'r dull realaidd wedi gweithio ar gyfer *Seren Wen*. Mae *Harbwr Gwag* yn fwy realaidd er bod elfennau ffantasïol ynddi.

Ai rhan o apêl ffantasi efallai ydi ei fod yn gyfrwng sy'n cynnig dihangfa rhag gofynion lle ac amser?

Ddim yn hollol – mae lle ac amser mewn byd ffantasïol hefyd. Tydw i ddim yn daer o blaid ffantasi beth bynnag. Seiliwyd llawer o'r digwyddiadau yn *Harbwr Gwag* ar adroddiadau yn y wasg am helynt Bosnia ar y pryd.

Fedri di sôn mwy am hynny?

Ambell waith byddwn yn cadw erthyglau er mwyn cyfeirio'n ôl atyn nhw i sicrhau dilysrwydd cefndir, er enghraifft.

Pan ymddangosodd dy nofel gyntaf, *Seren Wen*, roedd yna dipyn o drafod, a rhai darllenwyr yn dy ddisgrifio fel awdur tywyll. Wnaeth hyn wneud i ti ddechrau meddwl o ddifrif am dy ddarllenwyr? Neu oedd dy gynulleidfa yn rhywbeth oedd ar dy feddwl p'run bynnag?

Ar ôl gorffen *Seren Wen* ro'n i o'r farn mai nofel ysgafn iawn oedd hi ac na châi plentyn drafferth i'w deall hi. Dyna fy marn hyd heddiw hefyd. Dwi'n credu fod y genhedlaeth iau wedi ei mwynhau'n well na darllenwyr hŷn am nad oedden nhw'n tagu ar yr arddull lafar. Hefyd, o fewn cyd-destun y nofel hon, byddai Cymraeg llenyddol traddodiadol wedi bod yn rhy anystwyth a ffurfiol – a beth bynnag roeddwn i ar frys eisiau'i gorffen hi.

Mi wnest ti ei sgwennu'n sydyn iawn. Oeddet ti'n mynd ati hi bob dydd? Pan oeddet yn sgwennu ei chrynswth, beth oedd dy batrwm gwaith?

Nofel fer ydi hi o 40,000 o eiriau. Mi fyddwn i'n sgwennu dwy fil o eiriau ar y tro'n reit aml. Roedd y stori'n datblygu ohoni'i hun, ond weithiau byddwn yn colli'r rhediad wrth fanylu ar ryw olygfa neilltuol, felly byddwn yn taro nodiadau cyfarwyddo i lawr fel mynegbyst ac yn eu dilyn fel map o bryd i'w gilydd yn lle colli'r ffordd. Gan 'mod i wedi cael rhyddid a hamdden i sgwennu'n ddi-dor am rai dyddiau mi fyddwn i'n dechrau pan ddeffrwn ac yn gorffen yn oriau mân y bore. Ryw bythefnos fues i wrthi'n sgwennu'r crynswth, ac wedyn pnawn a nosweithiau ym mis Ionawr i ychwanegu pennod yn rhywle.

Fyddi di'n hoffi sgwennu'n hwyr yn y nos, wedi i bawb fynd i gysgu?

Well gen i sgwennu'n y bore a thrwy'r dydd ond tydi'r cyfle ddim yn digwydd yn aml. Gyda'r nosau mae'r meddwl yn rhy lawn o bethau bywyd go-iawn i fedru torri'r plisgyn a phlymio i fyd y stori. Dim ond byw yn y stori sy'n gweithio i mi, ac mae'n cymryd meddwl ffres i fynd iddi o'm rhan fy hun – fedra i ddim codi beiro, galw am ysbrydoliaeth a bwrw iddi.

Wyt ti wedi darllen _Seren Wen_ neu fanion o _Seren Wen_ i'th blant eto? Fel stori nos da?

Naddo. Mi gân nhw ei darllen hi eu hunain os mynnan nhw pan fyddan nhw'n hŷn, ond nid af i i'w hwrjio hi arnyn nhw, y creaduriaid.

I fynd yn ôl at y syniad o gynulleidfa, fyddi di'n teimlo ei bod yn anodd weithiau cael rhwydd hynt i wneud fel a fynnot hefo dy straeon, heb i gysgod ymateb teuluol neu gydnabod ddod i amharu ar ystod y profiadau a'r ymateb sydd ar gael i'th gymeriadau? Ydi sgwennu yn null ffantasi neu wyddonias yn rhoi mwy o ryddid yn yr ystyr honno? Hynny ydi, ydi o'n dy waredu rhag bustachu i guddio rhywfaint o'r tebygrwydd rhwng dy gymeriadau a'r hyn maent yn ei wneud a'i ddweud, a chydnabod yn dy fywyd go-iawn? Meddwl ydw i am y ffordd mae sgwennu ffuglen weithiau'n medru teimlo fel ymdrech fawr i lapio pethau'n ddigon trwchus fel bod yna ddim gormod o debygrwydd rhwng dy waith a dy fywyd go-iawn.

Dyna'n sicr un rhan o apêl ffantasi – fedr neb dy gyhuddo o gael dy ffeithiau'n anghywir. Dwi ddim yn meddwl yr hoffwn geisio disgrifio pobl go-iawn – gwaith cofiannydd ydi hynny ac nid gwaith nofelydd. Faswn i byth isio i neb feddwl fy mod i wedi ei bortreadu o neu hi yn fy ngwaith, a tydw i heb wneud hynny, gobeithio. Yn y bôn, mae cyfrifoldeb y llenor i'w gymeriadau ac nid i'w gynulleidfa. Os ydi rhywun ofn be fydd ymateb ei ddarllenwyr yna waeth iddo ymatal rhag sgwennu ddim.

Beth am nofelau sydd wedi gwneud hynny'n ddigon amlwg – disgrifio pobol go-iawn – fath ag _A La Recherche du Temps Perdu,_ Proust, neu efallai waith Hanif Kureishi. Mi gafodd un o'i nofelau – _Intimacy,_ dwi'n meddwl – ei chyhuddo o fod yn bortread cwbl gignoeth o ddadfeiliad ei berthynas â'i wraig. Ai rhywbeth ydi o sydd ond yn tramgwyddo neu'n broblem i'r rhai hynny sy'n adnabod eu hunain yn y gwaith, a chydwybod yr awdur efallai?

Ar ryw olwg, diogi ydi croniclo bywyd yn ei grynswth, ond wrth gwrs tydi geiriau ddim yr un peth â gweithredoedd, ac mae gallu'r awdur i drin geiriau ac i argyhoeddi'r darllenydd yn bwysicach efallai na'r stori ei hun. Am ryw reswm, mae gennym ddiddordeb i wybod rhywbeth am gefndir awduron, a rhyw ymchwil o hyd i ganfod pwy oedd awdur, os oedd awdur, _Y Mabinogi._ Yr un peth hefo'r stori, i'r rhai a wêl eu bywyd yn cael ei roi dan chwyddwydr maen nhw'n gweld y peth yn frad ar y berthynas a fu rhyngddynt ryw adeg, ond i'r darllenydd dim ond ffuglen yw'r cwbl.

Sut fyddi di'n dechrau darn o waith creadigol? Wyt ti'n teimlo rhyw reidrwydd i wybod cymaint ag y medri ddioddef ei wybod am dy gymeriadau a'u hynt cyn dechrau? Wyt ti'n ei chael yn fantais peidio â dechrau ysgrifennu cyn hired â phosib tan fod y stori'n byrstio i ddod allan? Neu fyddi di'n medru dechrau ysgrifennu hefo dim ond un syniad penodol, megis rhyw olygfa arbennig, a gweithio o gwmpas hynny, heb dy fod wedi mapio'r plot?

Deuparth gwaith yw ei ddechrau gen i, a thripharth a phedwarparth o ran hynny. Os caf ddechrau stori'n o lew mi ddaw'r gweddill yn eitha rhwydd fel arfer, ond bod gofyn ailwampio droeon wedyn cyn fy mod i'n fodlon. Hefo *Seren Wen* a *Harbwr Gwag* mi oedd gen i nodiadau manwl o ran cefndir y cymeriadau a'u perthynas hefo'i gilydd nes fy mod i'n teimlo fy mod i'n eu nabod yn ddigon da i wybod sut i'w trin. Hefo'r straeon byrion byddaf yn bwrw iddi ar fy mhen heb drafferthu hefo nodiadau cefndir.

Fyddi di'n gorfod temtio dy hun i fynd ati i ddechrau, i fynd at y gwaith?

Gan fy mod o anian sylfaenol ddiog mi wnaf beth bynnag ddaw hawsaf, ac weithiau bydd sgwennu'n haws na gwneud dim arall a dyna pryd y byddaf yn sgwennu – pan mae'n dod yn hawdd.

Lle fyddi di'n sgwennu?

Lle bynnag y bo'r wampiwr geiriau mwyaf cyfleus. Dwi'n sgwennu'n gynt hefo peiriant nag hefo'm llaw ac mae'r canlyniad beth coblyn yn daclusach.

Oes gen ti hoff le?

Byddai ar ben goleudy yn y nos yn lle da.

Pan oeddet yn sgwennu *Seren Wen ac O'r Harbwr Gwag*, wnest ti arbrofi hefo amrywiaeth o adroddwyr? Oedd *Seren Wen* yn haws i'w hysgrifennu oherwydd bod rhan helaeth o'r nofel yn cael ei hadrodd yn y person cyntaf?

I mi mae sgwennu yn y person cyntaf yn haws o lawer iawn. Dim ond un adroddwr oedd gen i yn *Seren Wen*, sef Gwern, ac o'i safbwynt o roedd y stori'n cael ei hadrodd. Wnes i ddim gweld yr angen i arbrofi hefo adroddwyr eraill heblaw mewn mannau neilltuol, sef y darnau lle mae'r Clerc yn cael y disgiau anghywir sy'n cynnwys y stori, a'r darnau ar y diwedd ar ôl i Gwern gael ei ladd lle mae Tincar Saffrwm ac Anwes yn cael eu pig i mewn fel adroddwyr trwy gyfrwng eu llythyron, a hefyd mewn un bennod lle mae tapiau'r Rhai sy'n Gwrando yn rhoi llwyfan i Siffrwd Helyg a rhai o'r cymeriadau benywaidd eraill. Pennod a ychwanegais ar ôl gorffen gweddill y stori oedd honno er mwyn llenwi rhyw-faint ar yr hanes a rhoi ambell safbwynt gwahanol.

Roedd *Harbwr Gwag* yn anos oherwydd ei bod yn cael ei hadrodd yn y trydydd person, ond fel arall mae'n beryg y byddai wedi bod yn rhy debyg o ran arddull i *Seren Wen*.

Felly, wnest ti ddim penderfynu newid adroddwyr neu rywbeth drastig felly wedi dechrau ar y gwaith o ddifrif?

Naddo, achos toeddwn i ddim yn meddwl am yr ochr dechnegol, dim ond clywed sŵn y geiriau yn fy mhen a thrio'u sgwennu i lawr heb eu lladd nhw hefo Cymraeg llyfr.

Faint o waith ailysgrifennu wyt ti'n ei wneud ar y cyfan?

Mae'n dibynnu ar y stori – dim bron hefo *Seren Wen*, heblaw twtio'r orgraff a mân newidiadau gramadegol. Dim llawer hefo *Harbwr Gwag* ychwaith. Mae rhai o'r straeon dwi wedi eu sgwennu wedi landio fel huddyg i botas, megis stori'r *Dŵr Mawr Llwyd* a stori *Repteils Welcome*, y ddwy wedi eu sgwennu ar un eisteddiad (tuag awr yr un) heb nemor o newid wedyn. Ond gyda stori ddiweddar o'r enw *Gŵr y Plas* dwn i ddim faint o fersiynau a sgwennais cyn 'mod i'n fodlon arni. Hyd yn oed wedyn mae ambell beth yr hoffwn weld wedi ei newid pe cawn gyfle.

Beth am sicrwydd ariannol, amgylchiadau dibynadwy ac ati?

Wn i ddim ydw i'n deall beth sydd gen ti. Be ydi 'amgylchiadau dibynadwy'?

Dim problemau i bwyso ar dy feddwl – ffraeo, plant yn sgrechian o gwmpas y tŷ, ond i'r gwrthwyneb, adegau rheolaidd pryd dy fod yn gwybod y cei lonydd i fynd at y gwaith sgwennu.

Tydw i ddim wedi llwyddo i gael hyd i le felly eto, a dweud y gwir tydw i ddim wedi chwilio. Mae magu plant yn bwysicach o lawer i mi na sgwennu. Hefyd, gan mai gwaith oriau hamdden ydi sgwennu i mi nid yw'r ochr ariannol wedi bod yn ganolog. Ond credaf y dylai llenorion llawn-amser gael eu gwobrwyo'n deilwng am eu gwaith, fel sy'n digwydd yng ngwledydd Llychlyn, er enghraifft. Awduron sy'n creu llyfrau, wedi'r cwbl, a hebddynt, ni cheir llenyddiaeth i neb ffraeo amdani.

Beth am gof da – ydi o'n gaffaeliad wrth sgwennu nofel yn arbennig? Oes gen ti gof da?

Mi faswn i'n dychmygu y byddai cof da yn gaffaeliad. Does gen i ddim. Does dim byd yn sticio am yn hir iawn. Be sy'n bwysig wrth sgwennu nofel yn fy marn i yw cael cyfnod di-dor lle gall yr awdur fyw ym myd y nofel a theimlo'n rhan o'r byd hwnnw. Mi ges i tua phythefnos yn rhydd o unrhyw alwadau i sgwennu'r rhan fwyaf o *Seren Wen* a dyna a'i gwnaeth mor hawdd ei sgwennu. Cymerodd ddeunaw mis imi gwblhau *Harbwr Gwag* oherwydd nad oeddwn yn cael cyfle i fwrw iddi'n iawn ac felly byddwn yn colli rhediad y stori a gorfod treulio oriau yn ymgyfarwyddo â'r awyrgylch a'r hanes eto cyn medru ailddechrau arni. Oherwydd hynny teimlaf nad ydi hi'n llifo mor rhwydd â'r un gyntaf a bod mwy o ôl ymlafnio arni.

Fyddet ti'n cytuno â'r hyn ddywedodd Flaubert – rhywbeth yn debyg i: gorau po leiaf mae rhywun yn teimlo rhywbeth os ydi o am ei fynegi fel ag y mae go-iawn (beth bynnag ydi ystyr 'go-iawn' yn y fan yna…)

Byddwn, yn yr ystyr os ydi rhywun yn teimlo rhywbeth i'r byw ac yn gorfod ei fynegi, mae'n eitha tebygol y bydd am newid yr union amgylchiadau. Os ydi rhywun, ar y llaw arall, am sgwennu am ei deimladau heb newid dim ar yr amgylchiadau, onid rhyw fath ar hunangofiant mae rhywun yn ei gael, yn hytrach na nofel? Ar yr un pryd, os digwydd rhywbeth nad yw'n dy gyffwrdd o gwbl, yna pam trafferthu i sgwennu amdano?

Fedri di sôn rhywfaint am ddylanwadau awduron eraill, neu nofelau yr wyt yn eu hedmygu'n arbennig?

Dwi wedi mwynhau gwrando ar straeon erioed. Byddai fy nain yn darllen straeon tylwyth teg i'm chwaer a finnau, gan gynnwys y 'Mabinogion' fel y'u gelwid yr adeg honno, a byddai 'nhad yn darllen pennod o ryw nofel neu'i gilydd inni bob gyda'r nos. Byddwn wrth fy modd yn darllen pan oeddwn i'n hogyn – comics, llyfrau plant, llyfrau pobol, doedd dim ots gen i. Dwi'n credu fod llawer o ddylanwad *Dennis the Menace*, y *Bash Street Kids* a *Desparate Dan* ar *Seren Wen*, er enghraifft.

Pan oeddwn i'n yr ysgol uwchradd fe ddigwyddodd inni gael llyfrau diawledig o ddiflas i'w darllen yn y gwersi Saesneg ond llyfrau difyr iawn yn Gymraeg, nofelau Islwyn Ffowc Elis a Marion Eames yn enwedig. Yn y Chweched dwi'n cofio mwynhau y *Bardd Cwsg*, *Traed Mewn Cyffion* ac *Un Nos Ola Leuad*.

Fy hoff awdur ydi Franz Kafka ac mae'n siŵr fod ei ddylanwad yn amlwg ar ambell ddarn o *Harbwr Gwag*.

Oeddet ti'n ymwybodol o hynny wrth sgwennu *Harbwr Gwag*? Oedd o'n rhywbeth yr oeddet yn mynd allan o dy ffordd i geisio ei osgoi?

Mi fydda i'n licio arbrofi hefo gwahanol arddulliau. Cyfieithais rai pytiau byrion o waith Kafka i'r Gymraeg un tro i weld sut byddai o'n swnio. Roedd y darn yn *Harbwr Gwag* lle mae Gregor yn cael ei groesholi yn hwyr y nos ar ôl i'r negesydd ei wysio o'r bwyty yn ymgais i efelychu arlliw o arddull Kafka. Ond roedd y darn yma wedi ei sgwennu (hefo enwau eraill) ymhell cyn imi ddechrau *Harbwr Gwag*. Mae'n gas gen i wastraffu gwaith, ac onid ydi ailgylchu'n beth cymeradwy?

Oes cynlluniau ar y gweill ar gyfer trydedd nofel?

Hoffwn ddweud fod gennyf gynlluniau manwl ar y gweill ers tro byd ac y gwelir ffrwyth y llafur hwnnw'n fuan iawn, ond yn anffodus fedra i ddim gan nad oes. Serch hynny, dwi'n teimlo fod digon o ddŵr wedi mynd o dan y bont ers imi sgwennu'r ddwy nofel ddiwethaf fel fy mod i'n barod i gychwyn ar rywbeth newydd cyn bo hir. Ni fydd hon yn nofel ffantasïol. Ni fydd ynddi enwau gwirion fel sydd yn y ddwy nofel gyntaf; yn wir ni fydd ynddi enwau o fath yn y byd, nac ansoddeiriau nac adferfau ychwaith. Nid o safbwynt y person cyntaf na'r trydydd person y caiff ei sgwennu ond o safbwynt rhywun nad oedd yno o gwbl. A chan fod hyn'na wedi ei setlo, cystal imi gynnig fy esgusodion a mynd ati rhag blaen tra mae'r haearn yn boeth.

Cyfrolau gan Robin Llywelyn:

Seren Wen ar Gefndir Gwyn, 1992
O'r Harbwr Gwag i'r Cefnfor Gwyn, 1994
Y Dŵr Mawr Llwyd, 1995

martin davis

Ganwyd Martin Davis yn Llanrwst yn 1957. Yn Llanrwst y magwyd ei fam ond deuai'n wreiddiol o Iwerddon, a'i dad o Loegr. Er iddo gael ei fagu yn Stratford-upon-Avon, i Borthmadog neu i Lanrwst y byddai'r teulu'n dychwelyd ar gyfer eu holl wyliau pan oedd yn ifanc. Yn bymtheg oed, penderfynodd ddysgu'r Gymraeg, a thair blynedd yn ddiweddarach, daeth i Goleg Prifysgol Cymru, Aberystwyth, lle y bu'n astudio ar gyfer gradd yn yr Wyddeleg a Hanes Cymru. Erbyn hyn mae wedi bwrw'i wreiddiau yn Nhre Taliesin yng ngogledd Ceredigion gan edrych draw dros ogoniant Cors Fochno ac aber afon Dyfi. Mae bellach yn gyfieithydd llawrydd. Mae'n cyhoeddi ei ail nofel i oedolion eleni sydd yn argoeli i fod yn un swmpus, *Os Dianc Rhai* (2003). Mae hefyd yn awdur dwy gyfrol o straeon byrion, *Llosgi'r Bont* (1991) a *Rhithiau* (1993), cyfrol o farddoniaeth, *Chwain y Mwngrel* (1986), a'r nofel *Brân ar y Crud* (1995). Mae hefyd wedi cyhoeddi deunydd i blant a phobl ifainc gan gynnwys sawl sgript deledu a radio.

Mi gyfarfyddais â Martin Davis mewn caffi bach yn un o strydoedd cefn Aberystwyth, drws nesaf i Siop Lyfrau Ystwyth. Mi chwythodd i mewn drwy'r drws yn llawn bywiogrwydd, ac wedi ei lapio mewn côt fawr ddringo. Dywed ei fod yn hoff o gael newid o bryd i'w gilydd a gweithio mewn llefydd cyhoeddus tebyg i gaffis. Roedd hwn yn gaffi amheuthun hefyd, yn gyfuniad o arlliw glas golau ar y waliau – fel sy'n gweddu i dref glan môr – a bar yn drwch o baent brown yn rhedeg o un pen i'r llall. Yr unig benbleth oedd fod y byrddau'n dynn wrth ei gilydd, a'i bod hi'n anodd sgwrsio heb ddychmygu llond y lle o glustiau Cymraeg yn gwrando, fel clustiau mulod.

Beth wnaeth dy gymell di i ysgrifennu am y tro cyntaf?

Am wn i oherwydd fy mod wedi dysgu sgwennu a darllen yn ifanc iawn, ac wedi cymryd ato'n syth. Dwi wedi bod wrthi'n sgwennu pethau erioed. Mi oedd gen i nofel yn Saesneg pan oeddwn i'n wyth oed. Rhyw stori ddigon treisgar am smyglwyr cyfoes yn ardal Porthmadog. Smyglo powdwr cwstard oedden nhw! Ro'n i wedi gweld rhywbeth yn y papur lleol am lorri'n llawn powdwr cwstard yn cael ei dwyn yn Stratford. Roedd hanes smyglwyr ardal Borth-y-gest wedi fy nghyfareddu erioed. Felly, rhaid 'mod i wedi gweld hyn fel man cychwyn i nofel fawr!

Oeddet ti wedi sgwennu honno yn yr ysgol?

Nac oeddwn. Ar fy liwt fy hun. Peth arall oedd yn sbardun i mi sgwennu oedd y ffaith mai dyn dall oedd fy nhad, ond mi oedd o'n medru teipio, ac mi ddysgodd i mi a 'mrawd sut i deipio pan oeddan ni'n hogia bach iawn, felly roedd y nofel gynta yma'n deipysgrif hefyd! Teipio ydi'r unig sgìl ymarferol sy gen i mewn gwirionedd. Ond mae wedi bod yn gaffaeliad amhrisiadwy.

Pa mor hir oedd hi?

Tri-deg a dau o dudalennau, a'r rheini'n dudalennau eitha bach. Dwi'n cofio cymaint â hynny. A fi oedd yr arwr – roedd y stori wedi ei sgwennu yn y person cynta, a dwi'n meddwl mai lluchio bom petrol i mewn i ffau'r smyglwyr oedd ei huchafbwynt. Beth bynnag, ro'n i hefyd yn hoff iawn o sgwennu traethodau dychmygus ac yn y blaen yn yr ysgol, a byth a beunydd â'm trwyn mewn llyfrau a'r rheini'n bethau lot rhy hen imi hefyd.

Pan wnes i fynd ati i ddysgu ac ymserchu'n y Gymraeg – o ryw 15 oed ymlaen – cam naturiol oedd ceisio mynd ati i lenydda. Cadw dyddiadur oedd y peth cynta wnes i (gan newid iaith dyddiadur a fu ar y gweill gen i er pan oeddwn i ryw 14 oed). Dwi wedi llosgi hwnnw ers talwm.

Y cyfansoddiadau creadigol cynta oedd cerddi, fel sy'n wir i amryw sydd wedi dysgu Cymraeg ac sydd am symud ymlaen at ei sgwennu'n greadigol am y tro cyntaf. Ond ar ôl chydig, er fy mod yn hoff iawn o farddoniaeth erioed, o'i darllen, ac o'i chyfansoddi, mi es i drwy gyfnod o feddwl fod rhyw dwyll mawr ynghlwm wrth y busnes barddoni 'ma... bod yna ryw ddihangfa hawdd i'w chael wrth sgwennu rhyw swpyn bach o eiriau – fatha llunio cliwiau croesair – a bod hynny wedyn i fod o ryw werth celfyddydol arhosol. Rhyfygus braidd mewn gwlad sy'n rhoi cymaint o fri ar ei beirdd. Hefyd, mi oedd yna draddodiad yn y teulu, ar yr aelwyd, o ddweud stori. Roedd fy mam yn medru dweud stori'n dda – gan nyddu a rhaffu rhyw fytholeg deuluol ddiddiwedd; cronicl llafar unochrog, yn goffadwriaeth fytholwyrdd i orchestion fy hynafiaid, yn ogystal â'r hyn a ddisgwylid ohona i fel disgynnydd teilwng i'r llinach. Dyna pam dwi wrthi'n sgwennu saga deuluol ar hyn o bryd, mae'n siŵr.

Oedd a wnelo hynny â'r ffaith dy fod yn teimlo bron cyn cychwyn, hefo cerddi, fod yna ryw reidrwydd i sgwennu rhywbeth oedd yn llawn ystyr?

Yn bersonol y mae'n rhaid wrth ystyr, a dwi ddim yn hoff o sglefrio ar ryw glyfrwch diystyr beth bynnag fo'r cyfrwng. Dwi ddim isio dilorni na diystyru barddoniaeth, gyda llaw... Fel y deudais i, dwi wrth fy modd hefo llawer iawn o farddoniaeth mewn sawl iaith, ond mae hi'n medru troi'n rhywbeth eitha ffuantus a hunanymwybodol yn ddigon rhwydd. Mae'r syniad o stori, ar y llaw arall, o ddweud stori a chreu stori ddarllenadwy, gofiadwy, yn apelio ata i'n fawr. Mae'n fwy o her rywsut. Dydi hi ddim mor hawdd twyllo pobl hefo rhyddiaith. Er bod ambell un wedi llwyddo.

Ond beth oedd y cymhelliad yn y lle cyntaf i sgwennu?

Ysfa fewnol. Diléit. Mor syml â hynny. Dwi'n ei chael yn broses wefreiddiol o hyd. Dwi'n cael *buzz* arbennig o sgwennu. Yn cael pleser o roi trefn ar fy meddyliau, o roi trefn ar y byd fel dwi'n ei weld o. Mae llunio stori'n help i grisialu meddyliau rhywun. O sgwennu stori am gymeriadau hollol ffug ond sydd wedi'i seilio ar brofiad go-iawn, mae'n fodd i gael rhyw drefn o anhrefn… dyna un o brif swyddogaethau pob ffurf ar gelfyddyd, am wn i. Dwi wedi ceisio byw heb ysgrifennu ar adegau, ond ar ôl rhyw fis mae'r ysfa'n mynd yn drech na fi. Fy nghyffur personol ydi o. Dwi hefyd wrth fy modd hefo'r prosesydd geiriau. Digon diamynedd ydw i ynghylch llawer iawn o dechnoleg yr oes. Ond mae teipio'n llyfn ac yn gyflym gan weld y geiriau'n ymddangos ar y sgrîn o dy flaen yn debyg i ganu offeryn cerddorol. Therapi rhad ar y naw.

Hefo sgwennu'n Gymraeg wedyn, oeddet ti'n teimlo hyd yn oed fwy o gymhelliad oherwydd ei bod yn ffordd o glosio at yr iaith?

Oeddwn, yn sicr. Ac erbyn hyn, mi fydda i'n ei chael hi'n anodd iawn sgwennu'n greadigol yn Saesneg – er fy mod yn gallu sgwennu Saesneg digon coeth a darllenadwy – ond dwi'n teimlo'n fwy cartrefol ac yn fwy rhydd yn y Gymraeg.

Wnest ti erioed gyhoeddi unrhyw beth yn Saesneg?

Naddo, erioed. Er imi roi cynnig arni fwy nag unwaith i ysgrifennu'n Saesneg, bu'n rhaid imi roi'r gorau iddi ar ôl brawddeg neu ddwy. Ro'n i'n teimlo'n fradwrus iawn. Pan fydda i wrthi'n ysgrifennu yn Gymraeg dwi'n gwybod ei bod yn fyw o hyd. Mae hynny'n swnio'n ddramatig iawn, tydi? Ond dyna be dwi'n 'i deimlo. Os dwi'n troi at y Saesneg, dwi'n rhoi maeth a llais i'r iaith sy'n ei bygwth hi. A fedri di ddim swcro rhywbeth sy'n sathru ar yr hyn rwyt ti'n ei garu, na fedri? Delfrydiaeth uffernol o hen ffasiwn erbyn hyn, mi wn, ac yn hollol wleidyddol anghywir yn ein hoes fei-ling, oleuedig – ond naw wfft!

Fyddet ti'n falch o'r cyfle i sgwennu'n llawn-amser, neu ydi'r ffaith dy fod yn cyfuno sgwennu creadigol efo cyfieithu yn beth da efallai yn y pen draw?

Mae'n eitha bendithiol. Mae'n rhoi cydbwysedd. Rhaid i mi ddweud, serch hynny, y baswn i'n licio petai modd i mi gael cyfle i sgwennu'n syth pan fydd yr awen – neu beth bynnag wyt ti am ei galw hi – yn dechrau cicio.

Mi fues i'n ddigon ffodus yn ddiweddar i fedru ymroi i sgwennu am gyfnodau penodol, trwy gyfrwng ysgoloriaethau CCC a nawdd gan y Cyngor Llyfrau, ond wrth gwrs, o neilltuo amser penodol, tydi hynny ddim yn golygu fod y prosesau creadigol yn mynd i ddechrau ffrwtian yn ôl y galw. Ella mai ar ganol cyfieithu cofnodion cyngor plwy Cwm Sgwt y bydda i, a bydd andros o syniad clyfar ar gyfer stori'n dod i'r meddwl, ond wedyn does dim modd troi ato'n syth, a phan ddaw'r cyfle ymhen pythefnos, hwyrach, i roi rhywbeth ar bapur (neu mewn ffeil gyfrifiadurol) mae o wedi chwythu ei blwc fel syniad. Neu dwi wedi anghofio amdano'n llwyr. Henaint ni ddaw… !

Wyt ti'n credu fod hynny'n rhywbeth sydd yn fwy nodweddiadol o gelfyddyd na gweithgarwch o fath arall, megis cyfieithu, sgwennu traethodau neu astudiaethau beirniadol, adolygiadau, erthyglau ac ati? Ai'r rheswm bod yna gymaint o hwian a hawian am y syniad o awen yw oherwydd diffyg parodrwydd artistiaid i gyfaddawdu, tra mae'r rhan fwyaf o weithgareddau eraill yn gyfaddawd o'r dechrau, efallai oherwydd eu bod wedi eu seilio ar gytundeb, ac felly fod yna ffiniau cliriach i'r gwaith?

Yn sicr, mae'n wir fy mod i'n fwy parod i gyfaddawdu ac ailwampio pan fo'n fater o waith comisiwn neu sgriptio. Er enghraifft, os ydi cwmni cynhyrchu isio dileu rhyw gymeriad er mwyn gwneud yn siŵr fod y sgript o fewn terfynau'r gyllideb. Mae rhywun yn ymwybodol o hyd y gall rhywbeth fel hyn ddigwydd a bydd tocio hollol ddidostur ar dy greadigaeth.

Cofia, mi fyswn i'n dadlau'n ddigon brwd yn erbyn hepgor cymeriad neu olygfa os mai dim ond mympwy y noddwr oedd y tu ôl i'r penderfyniad. Ond lle nad oes diben dadlau, mi wna i ailysgrifennu gan dderbyn, fel wyt ti'n awgrymu, mai dyna'r drefn; dyna'r fargen. Mae hynny oherwydd nad yw perchnogaeth ar y syniad yn union yr un fath. Wel, ddim i mi beth bynnag Mae'r sgriptydd yn un o dîm o bobl. Os wyt ti ar gomisiwn, rhywun arall sydd wedi llunio'r brîff. Pan fyddi di'n sgwennu nofel neu stori o dy ben a dy bastwn dy hun, mae'r ymdeimlad o berchenogaeth yn gryfach.

Ydi o â rhywbeth i'w wneud efo'r ffaith fod sgwennu nofel i gyd yn dy ddwylo di... fod pob cymal mewn nofel yn gofyn am benderfyniad a dewis, a dim ond y chdi all wneud y penderfyniadau hynny – nad oes pwyllgor ar gyfyl y gwaith?

Dyna beth ydi stori yn ei hanfod yndê? Dyna beth ydi'n bywydau ni i gyd yn eu hanfod mewn ffordd hefyd. Cyfres o benderfyniadau – o ddewisiadau. Mae'n rhaid, wrth ymdrin â phob cymeriad, ofyn y cwestiwn ai dyna'r unig ddewis oedd ganddi hi neu fo y tu mewn i gyfyngiadau'r stori? Y broses yma o lywio'r cymeriadau drwy'r dewisiadau a'r penderfyniadau yma... dyna be mae rhai'n ei alw'n blot, am wn i.

... Fod sgwennu nofel yn rhyw fath o *mise en abîme* o hynny?

Oherwydd ei fod yn rhywbeth sy'n cymryd rhywun drosodd yn llwyr. Mae sgriptio ar gyfer drama deledu yn gofyn llawn cymaint o ddisgyblaeth ac ymroddiad, wrth gwrs, ond gall nofel agor caead penglog cymeriadau fel na all yr un cyfrwng arall ei wneud. Does dim modd rhoi camera i mewn i ben y cymeriad, ac er y gall actio a stumiau cynnil awgrymu prosesau meddyliol y cymeriad, mae nofelydd yn medru camu i mewn i feddwl y protagonydd gan ymgolli'n llwyr yn ei drallod a'i lawenydd, ymhob agwedd ar ei fyd o neu hi. Mae modd mynd i fanylu ar resymeg pob dewis mae'r cymeriad yn ei wneud a chyfleu pob dim mae o neu hi'n ei deimlo. Hefyd, does dim dedleins wrth ysgrifennu o dy ben a dy bastwn dy hun. Mi fedri di fyw hefo'r cymeriadau yma am flynyddoedd cyn bod neb arall yn gwybod am eu bodolaeth.

Pan nad ydi pethau'n gweithio cystal, pan fo syniadau'n gwrthod dod, fyddi di'n ceisio rhoi hwb i bethau trwy ddyfeisio system wobrwyo i chdi dy hun?

Na. Ddim o gwbl. I'r gwrthwyneb mewn ffordd. Pan fydd pethau'n mynd yn rhy dda, y stori'n dechrau carlamu braidd, mi fydda i'n aml yn gorfod mynd allan am dro yn y wlad odidog o gwmpas ein cartre fan hyn. Mi fydda i wedi fy nghynhyrfu gymaint, mi fydd yn rhaid i mi wneud rhywbeth i'r gwaed gael oeri. Gollwng rhywfaint o stêm neu mi fydd top 'y mhen yn chwythu i ffwrdd.

Ar y llaw arall, os na fydd pethau'n gweithio'n dda, mi fydda i'n mynd ati i ymchwilio ymhellach i'r testun; darllen rhywbeth mwy am ryw agwedd ar y stori; syrffio'r we i'r un perwyl. Gan amlaf bydd hynny'n esgor ar ryw drywydd newydd annisgwyl. Mae'r sgwennu ynddo'i hun yn ddigon o wobr.

Beth am gyngor a barn pobl eraill – fydd hynny'n medru bod yn gymorth i symud pethau ymlaen? Fyddi di'n gofyn barn tra y byddi wrthi? Ac o gael barn, sut fyddi di'n ymateb?

Ar y dechrau, mi fydda i'n gyrru penodau agoriadol a ballu at wahanol bobl gan ofyn eu barn. Efo stori fer, mi fedri di ei hanfon yn ei chrynswth at feirniad annibynnol, a does dim cymaint o ots os ydi hi'n mynd i'r bin, nelo tair mil o eiriau. Ar y dechrau, dwi'n agored i bob beirniadaeth adeiladol ac yn fodlon ailwampio neu anghofio'r syniad yn llwyr. Ond oherwydd yr holl waith sydd ynghlwm wrth greu nofel, o weu pethau'n eitha tyn at ei gilydd, os oes sôn am ailwampio pan fo'r nofel yn tynnu at ei therfyn, mi faswn i'n fwy cyndyn o wneud hynny. Ond, fel mae'n

digwydd, yn achos y nofel ddiweddara, *Os Dianc Rhai*, ar ôl gorffen y drafft cyntaf a chael barn y cyhoeddwr arni, mi fodlonais i ar ailwampio canol y nofel yn llwyr gyda newidiadau sylfaenol i'r plot a'r cymeriadau – ac mi wnes i eitha mwynhau'r profiad. Falla fod 'na le i drydydd-wampio hefyd – ond mae 'na ben draw i bopeth, yn does?

Dwi'n gwybod fy mod i wedi pregethu digon mewn adolygiadau ar waith pobl eraill ynghylch diffygion safonau golygu creadigol yn y Gymraeg… dwi'n meddwl efo llawer iawn o lenyddiaeth sy'n ymddangos yn Gymraeg, pe bai golygyddion creadigol tebol wedi gweld y gwaith yn ddigon cynnar, mi fyddai'r llyfrau'n elwa o ganlyniad. Mae llawer iawn o flaenffrwyth ein cynnyrch llenyddol yn deillio o gystadlaethau eisteddfodol, felly mae'r gwaith yn cyrraedd yn swmp gorffenedig, ac wedyn maen nhw'n ymddangos fwy neu lai fel y cyrhaeddon nhw ddesg y beirniad ar gyfer y gystadleuaeth. Dyna ni, mae'n rhaid i ni fyw efo'r amodau sydd ganddon ni.

Wrth sôn am olygu, wyt ti'n sôn am y ddwy elfen… yr ochr ieithyddol a'r un greadigol?

Tydi'r gwallau iaith ddim mor bwysig â hynny. Mae rhywun yn gwerthfawrogi Cymraeg cywir, idiomatig a ballu, wrth reswm, ac mae'n rhaid wrth hynny – yn bendant. Ym myd y cyfryngau, ym myd golygu sgriptiau teledu a radio, mae pobl yn llawer iawn mwy parod i ddweud 'Ailsgwenna'r darn yna'. Maen nhw'n llawer iawn mwy parod i ddweud eu barn… yn fwy hyderus. Diffyg hyder ella sydd wrth wraidd y diffygion yn y byd llenyddol. Mae yna rai awduron wrth gwrs sy'n gyndyn iawn o dderbyn awgrymiadau hefyd, a dwn i ddim pa mor fodlon faswn innau chwaith i blygu i farn golygydd, wedi dweud hyn!

Magu perthynas ella sy'n bwysig?

Yn union. Mae'n gallu bod yn broses bleserus tu hwnt.

Ond mae angen amser i hynny, mynd allan i gael cinio a phethau felly, nid dim ond llythyrau!

Mae mynd am beint neu ddau a phryd o fwyd hefo Robat y Lolfa yn brofiad amheuthun, wrth gwrs. Dwi'n hollol fodlon â'r driniaeth dwi wedi'i chael ar hyd y blynyddoedd, a dwi wedi gweithio efo sawl golygydd yn ystod yr amser hwnnw. Ond yn y gorffennol, mae rhywun wedi gresynu wrth ddarllen rhai o adroddiadau darllenwyr swyddogol y Cyngor Llyfrau, er enghraifft, ac mae'r un duedd yn dod i'r fei mewn adolygiadau hefyd. Be mae rhywun wedi'i weld ydi sylwadau megis 'dydi'r awdur ddim yn dyblu'r "n" fan hyn'; 'ymadrodd Saesneg yw "dal i fyny"; 'ymadrodd anaddas i bobl ifainc ydi "dal dy ddŵr" (wir yr, dyna ges i un tro) – maen nhw wedi mynd ar ôl manylion dibwys yn hytrach nag edrych ar y darlun cyflawn, gan asesu'r gwaith fel darn creadigol yn ei gyd-destun. Ond dwi'n meddwl bod pethau'n dechrau newid erbyn hyn.

Hefyd, mae'n siŵr ei bod yn anodd dibynnu ar gydnabod i roi barn ar y darlun cyflawn?

Mae hynny'n broblem yn ddi-os. Erbyn hyn, mae rhai o'r gweisg yn meithrin eu golygyddion eu hunain. Maen nhw wedi derbyn adnoddau arbennig i wneud hynny. Datblygiad i'w groesawu'n sicr. Eto dwi ddim yn siŵr fyddan nhw'n gallu torri'r mowld. A fyddan nhw'n ddigon treiddgar ac wynebgaled i awgrymu ailysgrifennu heb ddychryn neu bechu neu dorri calon yr awduron wrth wneud. Hefyd, gan nad oes yna wir gystadleuaeth o ran gwerthu llyfrau Cymraeg, nid oes yr un pwysau masnachol ar y golygyddion ag sydd i'w gael pan mai'r ffigurau gwerthu sy'n cyfri.

Diffyg mewn addysg hefyd? Wyt ti'n meddwl efallai nad ydym yn cael ein cymell i fagu sgiliau sydd yn gymorth i gyflwyno ac ennill dadl, i feddwl yn groes i'r graen?

Diffyg traddodiad, efallai. Dwi'n meddwl fod y sefyllfa yn y cyfryngau'n wahanol iawn… ceir dadleuon llawer mwy bywiog, ac mae pobl yn barotach i wrthod rhywbeth sydd ddim yn ateb y gofynion. Er nad ydw i'n meddwl bod cynnyrch teledu a radio'n rhagori o anghenraid yn sgil hynny. Mae'r gwych a'r gwachul i'w cael o hyd, ac mae arna i ofn, yn rhy aml, mai'r gwachul sy'n dod i'r amlwg. Serch hynny, dwi'n dal i wrando ar Radio Cymru ac yn gwylio S4C, ac ambell waith yn cael 'y mhlesio'n arw iawn gan y cynnyrch.

Trueni bod cymaint o'r hyder newydd bondigrybwyll sydd i fod gan y Cymry ynghlwm â diwydiant mor arwynebol ac anwadal – ond byddai'n dlawd iawn arnon ni'n ddiwylliannol ac yn greadigol hebddo fo.

Efallai fod y cyfryngau yn fwy proffesiynol na'r gweisg?

Yn ddi-os, mae yna elfen amaturaidd sylfaenol o safbwynt creadigol yn y byd llyfrau. A dwi ddim yn defnyddio'r gair 'amatur' mewn ffordd ddilornus nac uchel-ael. Amatur o'i hanfod ydi llenydda yn y Gymraeg oherwydd yr amgylch-iadau – y traddodiad – sydd wedi bod ac sy'n dal i fodoli mewn gwirionedd. Does neb yn gallu ennill eu bara menyn drwy sgwennu llyfrau Cymraeg. Hen stori, a chyda'r gynulleidfa'n teneuo, dwi ddim yn rhag-weld rhyw welliant mawr er imi glywed yn ddiweddar fod gwerthiant nofelau ar i fyny. Hwrê – mae newydd o'r fath yn brin.

Mae'r gweisg a chyhoeddwyr Cymraeg mwyaf cynhyrchiol a llwyddiannus yn hollol broffesiynol eu hagwedd neu fydden nhw ddim yn para. Pe bai ganddyn nhw'r adnoddau ariannol sydd gan y darlledwyr… wel, stori wahanol fyddai hi.

Sut wyt ti'n teimlo am gyfrwng y nofel realaidd? Mae'n gyfrwng sydd yn gofyn i rywun ar adegau fod yn fwy real na real… sut wyt ti'n ymdopi â hynny? A hefyd y gwrthwyneb i hynny – y demtasiwn i ofalu fod pob gair yn llawn ystyr?

Mae yna demtasiwn wrth sgwennu nofel hanesyddol fel *Os Dianc Rhai* i sicrhau cywirdeb ffeithiol o hyd, a chan mai hanesydd ydw i (yn bennaf) o ran fy nghefndir academaidd a hefyd gan fy mod wedi gweithio am gyfnod mewn archifdy, mae hyn yn gallu mynd yn obsesiwn. Mae'r ffynonellau dihysbydd a geir ar y we'n gallu bod yn boen hefyd i'r ymchwilydd cydwybodol. Wrth sgwennu *Os Dianc Rhai* ac wrth gasglu'r wybodaeth gefndirol, mi ges i fy nhemtio i hel popeth fel petawn yn sgwennu traethawd PhD ar dwf ffasgaeth yng ngorllewin Ewrop 1936–39. Felly dwi'n meddwl bod rhaid gadael hynny i fynd, peidio â phoeni'n ormodol neu mae rhywun yn colli golwg ar y stori ac yn rhwystro'i datblygiad.

Dwi'n ymwybodol o'r dadleuon ynghylch ecsbloetio hanes i ddweud stori. Cefnlen yn unig yw'r digwyddiadau hanesyddol yn *Os Dianc Rhai*, rhai ohonyn nhw'n cael effaith uniongyrchol ar y cymeriadau. Ond nid ymgais i ddehongli hanes mohono, er tydw i ddim yn amau nad ydwi'n procio'r lludw yma a thraw hefyd.

Anffyddiwr digyfaddawd ydw i, ond os ydw i'n chwilio am ysbrydolrwydd o gwbl, byd natur, cerddoriaeth, dawns a hanes sy'n ei ddarparu imi. Mae llinach hanesyddol, pa mor wyrgam bynnag, yn gallu cynnig ystyr a dealltwriaeth – os nad y gwirionedd fel y cyfryw.

Galla i werthfawrogi apêl sgwennu disynnwyr, abswrd lle nad ydi'r ystyr realaidd nac yma nac acw. Ond nid felly y mae teithi fy meddwl i'n gweithio (gwaetha'r modd). Yr agosa y bydda i'n dod at y math yna o beth ydi wrth groniclo breuddwydion. O gofio ein bod ni i gyd yn treulio rhyw draean o'n bywydau'n breuddwydio, dwi'n meddwl ei bod hi'n elfen anhepgor mewn unrhyw nofel realaidd. Ac mi sylwi di fod fy nghymeriadau i gyd yn cael mwynhau camp a thamp byd eu breuddwydion o bryd i'w gilydd.

Un peth y mae rhywun yn sylwi arno fo wrth ddarllen dy waith yw'r manylder…

Roeddwn i'n sôn yn gynharach fy mod i'n hoffi'r ffaith fod yna gryn dipyn o sylw'n cael ei roi i fanylion yn *Brân ar y Crud* ac *Os Dianc Rhai*.

Dydw i ddim yn berson sylwgar iawn. Mae hynny'n rhannol oherwydd bod yna nam ar fy ngolwg a dwi ddim yn gweld yn dda iawn. Ar y llaw arall, dwi'n ymwybodol iawn o'r byd o 'nghwmpas, ond nid o bethau gweladwy a gweledol fel y cyfryw. Mi fydda i'n dueddol o fod yn ymwybodol iawn o gyfnod, o sefyllfa, o'r berthynas sydd rhwng pobl a'i gilydd, o naws ac awyrgylch… dwi'n eitha sensitif i'r math yna o beth. Mae gen i ymdeimlad arbennig o gryf â lle hefyd.

Mae'n rhaid bod yn reit gynnil wrth fanylu mewn stori wrth gwrs. Dwi'n meddwl am awdur poblogaidd fel Frederick Forsyth lle y ceir ymdeimlad cryf â Ffrainc mewn llyfr fel *Day of the Jackal*, a hynny'n aml dim ond drwy sôn am rywun yn tanio *Gaulloise* neu rywbeth. Ond wrth gwrs, rydan ni hefyd yn byw yn oes y teledu a'r cyfryngau gweledol, a 'dan ni'n gyfarwydd â gweld pob math o bethau, felly does dim angen i ni sgwennu fel awduron y bedwaredd ganrif ar bymtheg, gan ddisgrifio popeth yn fanwl neu osod *pob* golygfa'n fanwl. Mae pobl yn gwybod be 'di be erbyn heddiw. Os bydd saga *Os Dianc Rhai* yn ymestyn hyd at ddiwedd yr ugeinfed ganrif, fel dwi'n ei obeithio, bydd yn ddiddorol gweld i ba raddau y bydd y modd y bydd y stori'n cael ei hadrodd yn newid. Er enghraifft, mae ymdrin â rhyw yn y tri degau a'r pedwar degau o'i gymharu â throad yr unfed ganrif ar hugain yn gofyn am fynegiant tipyn yn wahanol. Dwi'n ei chael hi'n ddiddorol gweld dramâu am y cyfnod hwnnw ar y teledu heddiw, wedi eu sgwennu neu eu cynhyrchu yn aml gan bobl ifainc, yn eu hugeiniau neu'u tri degau, ac wrth gwrs, maen nhw'n rhoi yr un lle canolog i erotica ag sydd iddo fo heddiw ble mae pobl yn fwy o gwmpas eu pethau yn y cyswllt yna. Doedd secs ddim yn gymaint o hobi a chrefft i'w pherffeithio yr adeg honno, hwyrach – er bod pawb wrthi yr un fath, wrth gwrs!

Wnei di sôn rhywfaint am awduron eraill sydd wedi dylanwadu arnat?

Pa rai sydd wedi rhoi pleser i mi? Heinrich Böll, Alice Walker, Joseph Conrad, George Elliot, Günter Grass, Julian Barnes, William Faulkner, André Gide… dyna nhw o dop fy mhen. Ydyn nhw wedi dylanwadu?

Maent yn reit wahanol, yn tydyn?

Ydyn, mae gen i chwaeth reit gatholig o ran darllen. Does dim dal be sy'n apelio ata i, ac wrth gwrs eu bod wedi dylanwadu, ond ddim o anghenraid mewn modd uniongyrchol. O safbwynt nofelau Cymraeg, dwi'n meddwl fod yna sgwennu gwych yn digwydd o ran crefft, techneg a syniadau, ond ychydig iawn sydd wedi cyffwrdd â f'emosiynau, o ran stori. Mae yna farddoniaeth (yn enwedig mewn caneuon cyfoes) sy'n hollol arbennig ac yn cyffwrdd i'r byw gan ennyn ymateb cryf iawn yndda i. Dwi'n meddwl yn benodol am waith gan Iwan Llwyd, Steve Eaves a Meic Stevens a'u tebyg.

Pwy wyt ti'n meddwl amdanynt o ran syniadau?

Wel, mae gen ti Mihangel Morgan yn chwarae efo gwahanol syniadau mewn modd difyr iawn, ac mi wnes i fwynhau dy straeon dithau pan ddaethon nhw allan – dwi'n hoffi darllen pethau nad ydyn nhw'n realaidd, hyd yn oed os ydw i'n ymdrybaeddu yn y byd real.

Doeddwn i erioed wedi meddwl am sgwennu yn Gymraeg fel sgwennu syniadllyd…

Fallai wrth sôn am syniadau, dwi'n cymysgu ac arbrofi â gwahanol ffurfiau a mynd ar ôl gwahanol *scenarios* yn hytrach nag ymwneud uniongyrchol â chysyniadau a themâu mawr, ymenyddol. Mae Wiliam Owen Roberts yn amlwg yn hoff o fynd i'r afael o ddifri â syniadau a themâu gwleidyddol ac athronyddol o bwys a hynny ar raddfa ddigon epig. Mae *Os Dianc Rhai* wedi'i gosod ar ganfas eang, ond basa'n dda gen i taswn i'n medru ymdrin â chefndir panoramig o'r fath a'i esbloetio gyda'r un feistrol-aeth â Wil yn *Y Pla* a *Paradwys*.

Oes unrhyw nofel wedi dy gyffwrdd i'r byw?

Ar ddiwedd *Harbwr Gwag*, Robin Llywelyn, roedd llond fy llygaid o ddagrau. Ro'n i dan deimlad go-iawn. Ro'n i wrth fy modd bod Gregor wedi ffeindio'r ferch eto. Dwi'n meddwl hefyd am yr olygfa yn *Un Nos Ola Leuad*, lle mae'r bachgen yn crio wrth adael ei fam yn Seilam, *'crio fel taflyd i fyny'*.

Dwi wrth fy modd â sgwennu o'r fath. Sgwennu sy'n cynhyrfu'r emosiynau. Ond at ei gilydd, dwi ddim wedi ffeindio hynny gyda rhyddiaith Gymraeg… tra mae pob un o'r awduron eraill dwi wedi eu henwi wedi cynhyrchu rhywbeth sydd wedi fy nghynhyrfu'n arw. Nid jest ambell dudalen neu baragraff, ond y gwaith cyfan yn cael effaith arna i. Wedi newid y ffordd dwi'n edrych ar fywyd ryw ychydig. Dwi o'r un farn am gyfyngiadau fy ngwaith fy hun hefyd, gyda llaw… dwi ddim wedi gallu sgwennu rhywbeth a fyddai'n peri i rywun ymateb fel'na. Mae o tu hwnt i fy ngallu i.

Ydi o'n rhywbeth rwyt ti'n anelu ato?

Dyma ble mae rhywun yn sylweddoli mai *dilettante* ydi o yn y bôn. Dwi erioed wedi amcanu at hynny – newid bywydau pobl, hynny ydi! Fuaswn i byth isio g'neud hynny, beth bynnag. Isio sgwennu rhywbeth darllenadwy ydw i, a chael y *buzz* o wybod – beth bynnag arall sy'n cael ei ddweud am y gwaith – fod rhywun wedi cael hwyl yn ei ddarllen. Hynny sy'n rhoi pleser i mi. Os galla i gyffwrdd ag emosiynau ambell waith – wel, bonws ydi hynna.

Ond mae yna ddigon o ymwneud yn *Brân ar y Crud* ac *Os Dianc Rhai*, digon o olrhain seicoleg y cymeriadau, i wneud i rywun gymryd diddordeb gwirioneddol yn eu hynt a'u helynt.

Gwych! Os 'di hynna'n wir. Mae rhywun wrth reswm yn anelu at greu y math yna o gymeriadau, ac mae yna bethau dwyt ti ddim yn eu disgwyl wrth sgwennu; mae yna droeon annisgwyl ym mhob stori. Cymeriadau'n datgelu pethau sy'n rhoi braw i'r awdur hyd yn oed! Ia, grêt.

Fedri di feddwl am ddylanwadau mwy uniongyrchol?

Heinrich Böll. Ro'n i'n hoff iawn o lên ôl-ryfel yr Almaen yn yr ysgol. Dwi ddim wedi darllen llawer iawn o bethau mwy diweddar na dechrau'r wyth degau. Dwi'm yn gwybod am lenyddiaeth Almaeneg gyfoes yr unfed ganrif ar hugain. Mi wnes i astudio un llyfr gan Böll at Lefel A, ac wedyn mi es i ati i ddarllen sawl un ar ôl gorffen yn yr ysgol.

Beth sy'n d'atynnu?

Cymeriadau sy'n ysgogi ymateb emoisynol ac sydd â hanes cryf. Yr hyn sy'n digwydd iddyn nhw. Y math yna o beth!

Dwi ddim wedi ei ddarllen…

Dw innau ddim wedi ei ddarllen ers blynyddoedd chwaith… ond mae yna bethau gan Böll yn dod i mewn i'r hyn dwi'n ei sgwennu. Dwi'n meddwl er enghraifft am y stori fer sgwennais i yn y gyfrol *Rhithiau*. Mae hi am bobl sy'n dod o'r Balcanau, y modd y maen nhw wedi glanio mewn hen wersyll milwrol yn Nhywyn (neu rywle tebyg), ac mae gan y gŵr a'i wraig yn y stori blentyn sydd o dan anfantais gorfforol a meddyliol, ac mae'r gŵr yn ceisio dychmygu sut mae'r plentyn yn gweld y byd. Ydi o'n rhywbeth tebyg i nofio, fath â nofio tanddwr? Mae'r gymhariaeth yn dod yn syth o un o lyfrau Heinrich Böll – rhywbeth a ddarllenais bron i ddeng mlynedd ar hugain yn ôl wrth baratoi ar gyfer arholiadau Lefel A. Llên-ladrad neu ddylanwad ydi peth felly, sgwn i? Am wn i bydd pob awdur yn gorfod lloffa drwy'i gof fel hyn. Does dim byd yn cael ei greu o ddim byd, nac oes? Ar lefel bersonol, dwi'n ei chael hi'n eitha gwefreiddiol addasu'r perl bach yma o'r nofel *Und Er Sagte Kein Einziges Wort* a wnaeth gymaint o argraff arna i ddeng mlynedd ar hugain yn ôl, a'i osod mewn cyd-destun gwahanol a rhoi gwisg Gymraeg amdano. Taswn i'n ôl-fodernydd mi fyswn i'n cynnwys troednodyn, mae'n siŵr. Dwi'n agored i dderbyn ac ailgylchu dylanwadau o bob man a phob math – ac os oes rhywun yn ffeindio rhywbeth o unrhyw werth yn fy ngwaith i, croeso iddyn nhw wneud yr un fath (o fewn i gyfyngiadau hawlfraint wrth gwrs!).

Cyfrolau gan Martin Davis:

storïau
Llosgi'r Bont, 1991
Rhithiau, 1993

barddoniaeth
Chwain y Mwngrel, 1986

nofelau
Brân ar y Crud, 1995
Os Dianc Rhai, 2003

i blant
Seros (1990)
Seros 2 (1992)

wiliam owen roberts

Wiliam Owen Roberts yw awdur *Bingo!* (1985), *Y Pla* (1987), *Hunangofiant* (1990), a'r nofel swmpus, hirddisgwyliedig, *Paradwys* (2001), oedd ar ei ffordd o'r wasg pan wnaethom ni'r cyfweliad hwn. Cyfieithwyd *Y Pla* i'r Saesneg (Hamish Hamilton, Seren), i'r Almaeneg (List, Droemer/Knaur), i'r Ffrangeg (Terre de Brume), i'r Slofaceg (Drewo a Srd) ac fe'i cyhoeddwyd eleni (Ebrill 2003) yn Efrog Newydd gan Four Walls, Eight Windows. Mae hefyd yn awdur toreth o ddramâu, ar gyfer y llwyfan a'r teledu.

Mae Wiliam Owen Roberts yn byw mewn tŷ gwyn ar gongl lôn yn ardal Llandaf, Caerdydd. Mae'n dweud ei fod yn lle braidd yn hurt i fyw os am lonydd a thawelwch, gan fod ffrwd o geir o Fro Morgannwg yn tywallt ar ei hyd hi bob bore a phnawn, ac wedyn mae'n gwneud pethau syml fel tywys y plant at y bws 'fel trefnu cyrch ar y Somme — pryd i lamu ymlaen, pryd i oedi ac ati'. Mae'n gweithio yn nhop y tŷ, mewn llofft ar siâp L a'i ffenest yn edrych draw dros Dreganna tuag at y bryniau gwyrddion o gwmpas Llandochau a Phenarth — er ei fod yn dweud ei fod yn hoff o gadw'r bleind ar gau. Ar hen ddresel ddu y bydd wrthi'n ysgrifennu, er mwyn cael digon o le i'w goesau fynd yma a thraw.

Rwyt wrthi ar hyn o bryd yn cwblhau dy drydedd nofel, *Paradwys*. Sut deimlad ydi hynny a sut brofiad fuodd y broses o'i hysgrifennu? Oedd o'n wahanol iawn i'r ddau gyfnod pan oeddet yn ysgrifennu dy ddwy nofel arall, *Bingo!* ac *Y Pla* ac i'r cyfnod pan ysgrifennaist y gyfrol o straeon, *Hunangofiant*?

Yn gyntaf, mae teimlad o ryddhad, a chwithdod hefyd, gan fod *Paradwys* wedi bod ar y gweill gen i ers cyhyd — a rhai nodiadau a syniadau yn tarddu 'nôl o '89–'90 — ac ers hynny, mae hi wedi bod trwy sawl metamorffosis cyn cyrraedd y ffurf mae hi ynddi hi rŵan a'r ffurf rydw i bellach

Ilun Elisabeth Roberts

yn ei hystyried yn orffenedig. Ond i bob pwrpas, o ran y prif gymeriadau yn sicr, rhediad cyffredinol y naratif, y cynnwys a'r themâu ac ati, ro'n i wedi'i gorffen hi tua dwy flynedd yn ôl, yn ystod Ebrill '98. Yr unig ddrwg oedd mai dim ond y fi oedd wedi bod yn ymlafnio uwchben y cwbl heb gysgod golygydd tros fy ysgwydd i. A dwi'n un sy'n credu'n gryf ym mhwysigrwydd golygydd i wneud awgrymiadau a chynnig cyngor. Roedd fersiwn Ebrill '98 yn hollti'r nofel yn saith rhan – ac roedd hi'n hir iawn. Ro'n i'n teimlo fod yn rhaid imi gael ymateb. Yn garedig iawn, fe gytunodd Tony Bianchi a John Rowlands i'w darllen hi, ac yn sgil eu sylwadau nhw mi es i ati eleni i ailweithio'r deunydd oedd gen i – torri hwnt ac yma ac ailwampio dipyn. Yn sgil hyn, mi gollwyd tipyn go-lew o bethau, rhai straeon cyfan, ac un motiff yn benodol, sef hwnnw oedd yn ymwneud â'r sarff. Mi grebachodd rhai cymeriadau hefyd, er enghraifft y goruwchwyliwr, Risley (a oedd yn hawlio tipyn o le mewn fersiynau blaenorol) i fod yn ddim mwy nag is-gymeriad. Bellach mae *Paradwys* yn hollti yn un rhan ar ddeg ac mae hi oddeutu 135,000 o eiriau. O ran y cyfnod sgwennu ei hun, mae hi'n anodd gwybod faint yn union gymrodd hi gan 'mod i wedi mynd ati bob hyn a hyn, pan oedd amser yn caniatáu mewn bylchau rhwng projectau eraill. Rywsut, yn reddfol, roedd o i'w deimlo'n ddigon tebyg i'r cyfnod dreuliais i'n sgwennu'r *Pla* rhwng '84 a '86.

Beth am *Bingo!* a *Hunangofiant*?

Sgwennwyd *Bingo!* mewn cwta dri mis dros haf '83 – yn rhannol yn y Barri (lle ro'n i newydd ddechra gweithio ar gyfres deledu *Coleg*) ac mewn stafell gefn tŷ yn Aberystwyth o'r enw 'Cartref' yn Heol y Frenhines, nesaf at dafarn y Crystal Palace – a thafarn sy bellach, gwaetha'r modd, wedi

ei hailwampio a'i hailenwi (*The Scholars!*) a'i ddifwyno i fod mor ddigymeriad â phob tafarn arall, hefo rhyw anialwch ffugwerinol yn hongian hyd y waliau a lot fawr o sŵn yn tywallt o'r corneli. Roedd hi'n chwith gweld diflaniad yr hen far brown a'r tai bach tu allan. Mae pobol byth a hefyd yn rhefru am dafarn y Cŵps ond yr hen CP oedd y lle, a dyna pam yr ymddangosodd amryw byd o gynefinwyr y Crystal ar dudalennau *Bingo!*

Sut brofiad oedd sgwennu ar y dechrau fel yna?

Rhyddhad oedd sgwennu *Bingo!* yn bendant. Rhyddhad mawr. A rhyddhad na chafwyd mono fo na chynt na wedyn, beryg. Rhyw gatharthis rhyfedd a theimlad o drochi bodiau yn y dŵr a wedyn o dorri'r ias. Roedd o'n deimlad eithaf cynhyrfus ar y pryd.

A beth am *Hunangofiant* wedyn?

O ran *Hunangofiant*, mi ges i dipyn o hamdden i sgwennu honno oherwydd imi gael un o ysgoloriaethau sgwennu Cyngor y Celfyddydau yn niwedd yr wythdegau. Roedd sgerbydau rhai o'r straeon gen i'n barod, ond fe sgwennwyd y rhai hiraf, fel 'Y Crash' a 'Profens' ac un neu ddwy arall, yn ystod y cyfnod ei hun. Roedd honno'n adeg braf a hapus iawn gan i'r cyfnod ddechrau ym mis Ebrill a diweddu ar ddechrau'r hydref.

Pa agwedd o'r ysgrifennu sydd fwyaf rhwystredig gen ti?

Does dim byd yn benodol. Anaml iawn y bydda i'n teimlo rhwystredigaeth. Mae'n rhaid imi gyfaddef y bydda i'n cael lot o sbort a sbri, yn chwerthin dipyn ac yn mwynhau y broses y rhan fwyaf o'r amser. A'r hyn hefyd dwi'n lecio ydi'r ffaith fod y cwbl yn cynnig rhyw fath o her bersonol: mae rhywun yn byw byth a beunydd mewn rhyw dyndra â fo'i hun. Fallai mai math o therapi ydi'r cwbl yn y diwedd, dull o weithio trwy nifer o gyflyrau seicolegol. Achos rydach chi'n dŵad i ddysgu pob math o bethau newydd amdanoch chi'ch hun, yn ogystal ag am y byd a'i bethau. O bryd i'w gilydd mi fydda i – fel pawb arall, am wn i – yn mynd oddi ar y llwybr a cherdded tua'r pyllau mawn a mynd i drwbwl a suddo i donnen y gors ac yn methu â gweld fy ffordd yn glir oherwydd rhywbeth neu'i gilydd, ond wedyn, mi fydda i'n cofio cyngor Mr Dafydd Huws – y sgwennwr, nid y seiciatrydd – a gadael i'r isymwybod ddatgloi pa bynnag broblem sydd yn peri'r tramgwydd. Mae Dafydd yn gredwr mawr yng ngrym yr isymwybod. Cysgu ydi'r ateb, meddai fo, a deffro'n y bore ac mi fydd y cwbl wedi dod i drefn rywsut neu'i gilydd. A dwi'm yn amau nad ydi o'n llygad ei le.

Ydi cael teitl yn ei le yn gymharol gynnar yn gymorth?

Anaml iawn fydd y teitl yn dŵad yn gynta. A deud y gwir, alla i ddim meddwl am un achos lle mae hynny wedi digwydd hyd yma. Wedyn, rywsut, bydd o'n tueddu i ddŵad – un ai yng nghanol y gwaith – fel yn achos *Bingo!* – neu tua'r diwedd fel yn achos *Y Pla* a *Pharadwys*. Tynnu coes oedd rhoi teitl fel 'Hunangofiant' ar gyfrol o straeon; a'r hyn sy'n reit ddoniol ydi gweld llyfr wedi'i roi ar silffoedd Cofiannau a Hunangofiannau llyfrgelloedd a siopau. Os cyhoedda i gyfrol arall o straeon, mae gen i awydd ei galw hi'n 'Hunangofiant: Cyfrol 2'. Neu efallai ddim. Gawn ni weld. Ond mae teitl yn bwysig, dwi'n cyfaddef; allwch chi'm gwadu hynny. Dwi'n meddwl fod Gabriel García Marquéz yn giamstar ar y busnes yma ac mae bron bob un o'i eiddo

fo'n drawiadol iawn. Awdur arall ciwt iawn ydi Tennessee Williams – *Cat on a Hot Tin Roof* neu *A Streetcar Named Desire*. Teitlau gwych.

Mae teitl hefyd yn gallu bod yn broblematig weithiau. Er enghraifft, mi deithiodd yna ddrama gen i yn ystod Mawrth/Ebrill 2000. *Radio Cymru* oedd y teitl ar y posteri ond *Peenemunde* o'n i wedi ei galw hi ar y drafft wnaethon ni ymarfer, a hynny yn syml oherwydd mai drama yn ymwneud â darlledu propaganda yn yr Almaen yn ystod yr Ail Ryfel Byd oedd hi, a Chymro Cymraeg o'r Wyddgrug o'r enw Raymond Davis Hughes yn ei chanol hi.

Peenemunde oedd enw'r penrhyn bychan ar Fôr y Baltig lle roedd y Nazi Werner Von Braun a'i dîm o wyddonwyr yn arbrofi wrth danio rocedi y V1 a'r V2. Yn ddiweddarach, mi weithiodd Von Braun ar broject yr Apollo yn America gan yrru Neil Armstrong i'r lleuad yn 1969. Tra'n bomio Peenemunde fe saethwyd Hughes i lawr, ei ddal a'i garcharu, ac wedyn, maes o law, fe gyrhaeddodd o stiwdios radio y Reichrundfunk yn Berlin a chyfarfod Goebbels a Haw-Haw.

Ta waeth, ymateb y theatrau oedd y byddai teitl fel *Peenemunde* yn tueddu i ddieithrio'r gynulleidfa – ac mae cynulleidfa i ddramâu Cymraeg y dwthwn hwn fel blodau prin y dylid rhoi gorchymyn gwarchodaeth arnyn nhw a threfnu rota o wardeniaid i warchod eu tai a'u ceir a'u heiddo nhw. Tydi diwedd y gwanwyn/dechra'r haf mo'r amser gorau i deithio drama chwaith a phawb blys mynd allan i'r ardd i chwynnu a phlannu rhesi o datws a swêj ac ati. Felly, beth oedd yr ateb? Yn syml iawn, meddwl am deitl mwy dengar a llai diarth. A dyna wnaethon ni. Dyna'n syml sut y galwyd y ddrama yn *Radio Cymru*. Do'n i ddim yn hollol hapus, ond roedd rhaid gwrando ar farn pobol oedd yn dallt eu 'cynlluniau marchnata' yn llawer gwell na fi. Serch hynny, teitl camarweiniol ydi *Radio Cymru*, ac mae hyd yn oed yn tynnu'r ffocws i ffwrdd i raddau oddi wrth y themâu ro'n i'n ymdrin â nhw.

Os byth y caiff hi ei chyhoeddi, *Peenemunde* fydd y teitl.

Wyt ti'n gweld patrwm yn dy ffordd o fynd ati i lunio nofel? Fyddan nhw'n tyfu'n yr un drefn, fwy neu lai? Fyddi di'n dechrau yn y dechrau neu fyddi di'n gweithio ar olygfeydd arbennig, ac ehangu o'u cwmpas? Beth oedd man cychwyn a chymhelliad *Bingo!*, *Y Pla* a *Pharadwys*? Cymeriad arbennig, digwyddiad, cymhelliad gwleidyddol?

Na, alla i'm honni 'mod i'n gweld patrwm. Mae pob un hyd yma wedi bod yn hollol wahanol i'w gilydd: *Bingo!* yn powlio allan yn wyllt-wibog braidd, a hynny'n un gybolfa o bob math o bethau yn yr un gwynt. Alla i'm gwadu nad oedd fy nhafod i'n fy moch i braidd wrth ei sgwennu hi a bod elfen gref o jôc yn y creu – rhywbeth aeth ar goll yn llwyr gydag ambell adolygydd. Roedd yna ryw gymaint o ddychan hefyd yn ogystal â pharodïo rhyddiaith Franz Kafka. Ro'n i newydd ddarllen *Yr Achos* neu'r *Castell* ar y pryd ac wedi fy syfrdanu, wedi rhyfeddu, achos ro'n i'n meddwl fod y gweithiau yma yn wirioneddol anghyffredin. Troi hyn hefyd yn rhyw synthesis a oedd yn croniclo mymryn ar fywyd rhai o fynychwyr y Crystal Palace – pobol a oedd gwastad yng ngyddfau'i gilydd a hynny yng ngŵydd pawb. Beth sy'n rhyfeddol ydi fod yr un cwpwl yn union ag oedd gen i yn *Bingo!* wedi gwneud ymddangosiad cameo yn y nofel *Grits* gan Niall Griffiths yn ddiweddar – er bod Barbara, druan, bellach wedi'i chladdu.

Wnest ti fwynhau *Grits*?

Tydw i heb ei ddarllen hi. Yr unig reswm y gwn i hyn ydi oherwydd imi ddigwydd taro heibio hen landlord yn Aberystwyth ddiwedd Medi, 2000 – dyn o'r enw Mike Roderick a fu'n gweithio hyd ei ymddeoliad i Ffermwyr Ceredigion – ac aros y nos hefo fo. Roedd o wedi prynu copi o'r nofel a fo ddangosodd y bennod yma imi. Mi chwerthis i o'i darllen hi achos roedd Niall Griffiths wedi cael hwyl ar gyfleu awyrgylch y dafarn a natur cymeriad y bobol yma'n wych. Yn ôl Mike – sy'n fwy gwybyddus na fi ynglŷn â hynt a helyntion tre Aberystwyth – mae'r nofel drwyddi draw yn frith o bortreadau o bobol go-iawn.

Ond i fynd 'nôl at *Bingo!*, fyddet ti'n cytuno fod y nofel yn rhyw fath o ddeialog ynglŷn â natur ffuglen?

Oedd, roedd hi'n ffordd o gwestiynu fi fy hun ynglŷn â phethau fel – Ai cymeriad sy'n ysgogi digwyddiad? Neu ai cyfres o ddigwyddiadau ydi'r hyn a alwn yn 'gymeriad'? Be felly ydi'r 'natur ddynol' yng nghyd-destun 'cymeriad' ffuglennol? Be'n union ydi 'plot'? Be ydi arwyddocâd amser o fewn testun? Be ydi 'realiti'?'

Dyma'r math o gwestiynau sy'n waelodol ac yn reit lywodraethol i unrhyw un sy'n dablo hefo rhyddiaith, ac ar y pryd, 'nôl yn haf 1983, do'n i'm yn hollol siŵr o hyn i gyd. A deud y gwir, dwi'n dal ddim yn hollol siŵr o hyn i gyd! Os rhywbeth, dwysáu ac nid ysgafnhau mae'r cwestiynau yna wedi neud dros y blynyddoedd. Doedd o ddim yn syndod o gwbl gweld mai'r un math o gwestiynau (ynghyd â lot o bethau eraill hefyd) oedd yn mynd â bryd Angharad Price, awdures *Tania'r Tacsi* y llynedd – nofel na chafodd y sylw roedd hi'n ei haeddu o bell ffordd pan gyhoeddwyd hi. Mi lwyddodd Angharad Price yn rhyfeddol i bacio lot fawr iawn o bethau i fewn i nofel weddol fer ond sydd eto yn gyfoethog o aml-haenog.

Be am *Y Pla* wedyn?

Y Pla wedyn, yn deillio o gymhelliad mwy gwleidyddol. A dweud y gwir, dwi 'di sôn gymaint amdani dros y blynyddoedd, fel nad oes gen i ddim llawer chwaneg i'w ddweud. Mae'n rhaid i mi gael dweud hefyd 'mod i'n meddwl fod ymdriniaeth Enid Jones yn hynod o dreiddgar ac yn ddarlleniad gwirioneddol braff a chynhwysfawr. Mae hi wedi'i deall hi i'r dim ac mi fydd hi'n gamp i neb ragori ar ei llith hi. Yr ysgogiad cychwynnol oedd darllen *Y Gaeaf sydd Unig*, Marion Eames – a gyhoeddwyd i ddathlu 1282 yn 1982, os cofia i'n iawn – a theimlo braidd yn ddig. Ro'n i wedi darllen amryw byd o nofelau hanes tros y blynyddoedd a theimlo eu bod nhw – yn eu delfrydiaeth a'u rhamantiaeth – yn tueddu i ddibrisio dioddefaint pobol. Mater o ymdrech feunyddiol ydi bywyd i'r rhan fwyaf ar y blaned yma, hyd yn oed heddiw – ynysoedd o gyfoeth mewn môr mawr o dlodi, a ffiwdaliaeth dechnolegol sy'n teyrnasu trwy'r rhan fwya o'r byd o hyd. Felly dyma benderfynu mynd ati i unioni y cam ro'n i'n deimlo – yn gam neu'n gymwys – oedd yn cael ei wneud.

Wedyn dyma ddarllen Georg Lukács, a'r darnau, fel y buasai Dafydd Iwan yn ei ddweud, yn disgyn i'w lle. Cymhelliad gwleidyddol clir oedd o wedyn a ledodd yn raddol i ystyriaethau esthetig. Oherwydd imi raddio yn y Gymraeg roedd o'n gyfle i ailsgwennu dehongliad 'Platonaidd' Saunders Lewis o'r Oesodd Canol trwy ddewis un mwy 'Aristotelaidd', yn ogystal â herio'r safbwynt ffasiynol Ewro-ganolog (llai o lawer erbyn heddiw) a oedd mewn bri'r adeg hynny, trwy wneud y prif gymeriad yn Fwslim.

Ie, pam gwneud y prif gymeriad yn Fwslim? Pam Islam?

Pam Islam? Robin Gwyn, cyn-olygydd *Golwg* sy'n gorfod cario'r bai, dwi'n meddwl. Fo ddwedodd wrtha i 'nôl yn 1979 am ddychweliad yr Ayatolla Khomeni o'i alltudiaeth ym Mharis i Tehran adeg y Chwyldro yn Iran, pan welwyd cwymp y Shah a'i SAVAK. Roedd i hyn oll oblygiadau mawr yn *realpolitik* gwleidyddiaeth ryngwladol. Gydol blynyddoedd ei rym, America gefnogodd y Shah a'i lywodraeth lygredig yn y Dwyrain Canol, a hynny oherwydd fod olew yn y fantol, a heb hwnnw all pwerdy mawr y byd ddim gweithredu wrth gwrs. Do'n i byth bythoedd yn gwylio teledu yn y coleg; na'n gwrando ar y radio chwaith; na braidd byth yn darllen papur newydd, oni bai 'mod i'n digwydd bod mewn llyfrgell. Ond roedd Robin yn ei seithfed nef oherwydd fod y chwyldro yma yn ei farn o yn dangos y ffordd ymlaen i ni yng Nghymru, gan ei fod yn chwyldro 'Ôl-Farcsaidd', ac yn un 'cenedlaetholgar'. Roedd Robin yn Adferwr ar y pryd.

Rhaid cofio fod y sgwrs yma'n digwydd mewn cyfnod tywyll, sinicaidd a chwerw iawn ddiwedd y saithdegau; roedd berw o ddigwyddiadau ar y pryd: methiant y Refferendwm, etholiad Mai '79 a ddaeth â Thatcher i rym, gwrth-Gymreictod amrwd y Blaid Lafur, ymgyrch y bedwaredd sianel yn ei bri, a lot o falu mastiau, a'r wladwriaeth Seisnig yn fodlon fframio Rhodri Williams a Wynfford James mewn achos llys gwleidyddol yng Nghaerfyrddin. Ar lefel fwy rhyngwladol yn nechrau'r wythdegau wedyn: y gwrthdaro mawr mwy confensiynol ar y pryd oedd achosion heddwch, Merched Comin Greenham, taflegrau Cruise a'r Rhyfel Oer – America/Ewrop ('Y Byd Rhydd') yn erbyn yr Undeb Sofietaidd a Pact Warsaw – er nad oeddem ni i wybod adeg hynny fod y rhyfel yn prysur dynnu tua'i derfyn.

Ond dwi bron yn siŵr mai'r sgwrs honno hefo Robin Gwyn am Chwyldro Iran ysgogodd fi i feddwl am y gwrthdaro oesol a fu – ac o bosib, y gwrthdaro dyfnach o lawer rhwng gwareiddiad Islam a'r Gorllewin Cristnogol. Sawl Cymro Cymraeg, tybed, fu'n cleddyfa'r Inffidel Arabaidd yng ngwres yr anialwch er mwyn achub eneidiau dynion i Grist yn nhragwyddoldeb, ac ennill Caersalem yn ôl fel dinas Cred? Degau, os nad cannoedd, siŵr o fod. Cyndeidiau ysbrydol William Williams Pantycelyn a Hywel Harris a Thomas Jones o Ddinbych ac efengylwyr honco bost America heddiw sy'n llawn o awch croesgadau ar hyd a lled y byd o hyd. Fel arall, yn onest, alla i ddim meddwl erbyn hyn am unrhyw reswm arall sy'n egluro paham y daeth Salah Ibn al Khatib i fod.

Wyt ti'n gyfarwydd o gwbl hefo gwledydd Islam? Wyt ti wedi teithio o gwbl yn unrhyw un ohonynt?

Naddo, erioed. Dwi'n cofio darllen un neu ddau o lyfrau – na fedra i bellach hyd yn oed gofio eu teitla nhw – a rhyw fras fflicio trwy gyfieithiad Saesneg o'r Corân mae Penguin yn ei gyhoeddi. Mae ambell beth ar gael yn y Gymraeg hefyd o'r ganrif ddwytha a'r ganrif gynt – llyfrynnau hefo teitlau meddwl-agored fel *Hanes Bywyd a Gwaith y Gau Broffwyd Mohamed*. Ond mae gen i ddiddordeb o hyd. Ac yn ddiweddar dwi wedi bod yn cynnal rhyw ohebiaeth e-

bost hefo darlithydd ym Mhrifysgol Hebraeg Jeriwsalem. Iddew o'r enw Ze'ev Seltzer. Mae o wedi rhoi gwadd imi fynd draw yno, a dwi'n meddwl y buasai hynny'n ddifyr er mwyn gweld pam fod darn o dir mor fychan yn gallu corddi'r fath emosiynau.

Beth am fan cychwyn *Paradwys* wedyn?

Yn od iawn, delwedd oedd man cychwyn *Paradwys*. Y ddelwedd sy'n cloi'r nofel. Roedd honno gen i ymhell cyn taro pin ar bapur, a gydol y sgwennu ro'n i'n gwybod yn union sut ac yn lle roedd y nofel yn mynd i orffen.

Fedri di sôn hefyd pam wnest ti newid yr olygfa ar ddiwedd *Y Pla* yn y cyfieithiad Saesneg?

Y rheswm pennaf oedd oherwydd fod amryw byd o bobol wedi dweud wrtha i fod yr olygfa olaf hefo'r hofrenyddion a'r Americanwyr yn eu tanciau yn croesi afon Dwyfor yn Dolbenmaen eisoes yn amlwg yn is-destun rhan ola'r nofel heb fod angen ei ddweud o. Hynny ydi, fod twf a gormes y drefn gyfalafol tros gymdeithasau llai datblygedig ymhlyg yng ngeiriau a gweithredoedd cymeriad fel y masnachwr Datini II. Aeth rhai mor bell â honni fod y naid sydyn o'r bedwaredd ganrif ar ddeg i'r ugeinfed ganrif wedi difetha'r nofel iddyn nhw yn llwyr. Mi alla i ddeall hynny hefyd. Pam felly defnyddio techneg roedd rhai yn ei gweld fel un bur amrwd i gloi'r nofel? O gael cyfle i baratoi'r testun Saesneg ar gyfer ei gyhoeddi, mi ges i gyfle i drafod hyn ac amryw byd o bethau eraill hefo golygydd proffesiynol oedd yn hen gynefin â gwneud y math yma o waith. Dynes o'r enw Antonia Till. Ar ei hawgrym hi y newidiwyd trefn y dechrau lle mae torri o Eifionydd amrwd i geinder Cairo yn gweithio'n well na beth oedd gen i yn wreiddiol, dwi'n meddwl. Roedd hi hefyd yn meddwl fod y diweddglo yn waldio rhywun fel gordd ac y byddai rhywbeth cynilach – ond eto awgrymog i'r un perwyl â'r hyn oedd yn y Gymraeg – yn gweithio'n well. Mi ges i sgwrs hefyd yn ddiweddarach hefo Klaus Berr, y dyn gyfieithodd y nofel i'r Almaeneg ac roedd o o'r farn hefyd fod y diweddglo Saesneg yn well na'r un gwreiddiol.

I fynd yn ôl at astudiaeth Enid Jones, yn ei phennod ar dy waith yn *Y Sêr yn eu Graddau*, mae hi'n gwrthgyferbynnu'r defnydd o'r dimensiwn gofodol yn *Bingo!* ac *Y Pla*. Mae hi'n dweud fod *Bingo!* yn cyfyngu ei hun 'i fyd Gorllewinol caeedig ac i ymwybod yr unigolyn ynysig' tra yn *Y Pla* 'cydblethir llu o linynnau – llinynnau gwahanol ddiwylliannau, gwahanol ddosbarthiadau cymdeithasol, gwahanol grwpiau hiliol, rhywiol a chrefyddol – yn dennyn sy'n tynnu drws hanes ar agor i'r byd'. Mae hyn yn wir i ryw raddau hefyd am dy nofel ddiweddaraf, *Paradwys*. Sut oeddet ti'n ymdopi â'r holl wahanol linynnau naratif hyn? Oedd o'n gwneud y gwaith o sgwennu *Y Pla* a *Paradwys* gymaint yn fwy anodd na sgwennu *Bingo!*?

Roedd y gwaith o sgwennu'r *Pla* a *Paradwys* dipyn yn anoddach na *Bingo!*, mae hynny'n wir. Mae Enid Jones yn llygad ei lle a'i dadansoddiad hi'n gywir. Nofel oddrychol, seicolegol ydi hi – a chaeedig, mi faswn i'n cytuno – er 'mod i i ryw raddau yn arbrofi hefo rhai technegau o fewn y ffurf.

Dwi'm yn credu na fyddai neb yn gwadu mai awdur Ewropeaidd oedd Kafka – awdur sylfaenol Ewropeaidd ac Iddewig hefyd, os buodd un erioed – a fo sbardunodd lawer

o'r hyn dywalltwyd i mewn i *Bingo!* Es i mor bell â defnyddio darnau o'i ddyddiaduron o – yn llythrennol felly. Ond fel dwedais i gynnau, roeddwn i'n teimlo fy ffordd hefo'r nofel yma, yn holi hyn a'r llall ac arall, oherwydd, ar y pryd, doedd dim diddordeb gwirioneddol gen i yn y nofel fel ffurf. Hyd at tua 25 oed, doeddwn i ond yn darllen dramâu. Dim ond yn raddol y dois i i sylweddoli be oedd posibiliadau'r nofel. A hyd yn oed wedyn, y cwbl 'nes i – o edrych 'nôl i'r wythdegau – oedd ymateb i nofelau awduron eraill. Dyna oedd y man cychwyn i'r nofel gyntaf sgwennais i, a'r ail hefyd; testun yn sbarduno testun. Kafka yn achos *Bingo!* a Marion Eames a rhai nofelwyr hanes eraill yn achos *Y Pla*. Eu gwaith nhw roddodd fod i 'ngwaith i a fallai fod hyn oll – wn i ddim – yn mynd â ni i faes ffenomenoleg a chwestiynau ym maes strwythuraeth ynglŷn â rôl y 'darllenydd' ac ati.

Mae *Paradwys* yn greadigaeth yn yr un mowld, ond fymryn yn wahanol, gan ei bod hi'n tynnu ar rychwant ehangach o destunau – o nofelau i ddyddiaduron i hunangofiannau i lythyrau i bamffledi i achosion llys i lyfrau technegol ar bensaernïaeth, meddyga, morwra, ffermio a llyfr hanes anghredadwy o hiliol Edward Long, *The History of Jamaica*.

O ran techneg tynnu llinynnau plot *Y Pla* at ei gilydd, y mae hi, er gwaetha'r gynfas gyfandirol, yn rhychwantu 12 mis o ran amser yn y tair rhan gyntaf, ac yna yn hopio ryw dair blynedd, i 1352, gan grynhoi y digwydd wedyn i un hydref ac ychydig bach o aeaf. Felly er bod y nofel yn ymddangosiadol 'epig', mae y ffocws, go-iawn, yn weddol dynn. Oherwydd pwysigrwydd y tymhorau a gwyliau Catholig (ac roedd peth wmbreth yn fwy o lawer ohonyn nhw na'r hyn gofnodwyd gen i) yn y gymdeithas ganoloesol yng Nghymru, mi benderfynais i olrhain prif ddigwydd-iadau'r calendr ffiwdal tros un flwyddyn yn unig. A'r ail beth oedd ceisio darlunio cymdeithas o'r gwraidd i'r brig, felly dyma ganolbwyntio ar un faerdref, sef un uned economaidd 'naturiol' o fewn y drefn, ac uned a oedd hefyd yn rhyw fath o ficrocosm o'r macrocosm gwleidyddol ehangach. Roedd hyn eto er mwyn rhoi rhyw fath o ganllaw i mi ei ddilyn neu fel arall mi fyddai'r storïau wedi dechrau mynd ar gyfeiliorn, dwi'n meddwl.

Oherwydd 'mod i wedi cael magwraeth reit wledig fy hun hyd at tua deunaw oed, ro'n i'n gallu tynnu ar dipyn o brofiadau go-iawn o fyd amaeth, petha fel gwasgu troganod o glustiau cŵn rhwng bys a bawd, a'r stori go-iawn glywais i gen fy nhad am ladd mochyn ac ati. Mae'r plotio, serch hynny, yn dilyn patrwm reit syml AB AB AB AB – rhwng Eifionydd a thaith y Mwslim o Cairo i'r Eidal ac ar draws Ewrop. Ond i ddychwelyd at bwynt Enid Jones – yn y plotio AB dwi'n meddwl roedd modd tynnu a chyferbynnu gwahanol agweddau, gwahanol werthoedd a gwahanol ddulliau o 'fyw', nad oedd bob amser yn hollol gymharus â'i gilydd.

Ar un adeg fe fuodd bron imi roi is-deitl i'r 'Extent, 1352' – a'i alw fo 'Y Dewis mewn Adwaith,' am mai dyna oedd bron pob un cymeriad yn ei wneud yn ei ffordd ei hun trwy geisio dygymod â'r alanastra a oedd wedi chwalu eu bywydau nhw am byth. Roedd rhai yn dewis – neu'n cael eu gorfodi – i ymateb yn flaengar a heriol, eraill yn ofnus a cheidwadol o geisio sicrwydd yn yr hyn a fu, a'r gorffennol eisoes yn dechrau troi'n rhyw fath o 'oes aur'.

Am mai darlunio dechreuad y 'byd modern' mae *Paradwys* – os oes gen i hawl i alw perthynas economaidd Ewrop/Affrica/America yn ystod y tair canrif ddiwethaf wrth y term hwnnw erbyn hyn – roedd ei phlotio hi'n fater

tipyn mwy cymhleth na dim dwi wedi'i wneud hyd yma. Ar un adeg roedd digwyddiadau'r naratif ar dri chyfandir. Roedd perygl i'r stori(au) fynd ar ddisberod ac roedd angen rhyw ddyfais i'w tynnu nhw at ei gilydd. Dyna paham y datblygodd y syniad o 'Gofiant' yn eithaf canolog.

Trodd y nofel wedyn i fod yn ymwneud â dilysrwydd 'testun', ac mae i'r testun hwnnw arwyddocâd pell-gyrhaeddol, gan ei fod yn hanfodol er mwyn cynnal a chyfiawnhau myth arbennig sy'n ymwneud â phŵer a phwy sy'n rheoli cymdeithas/hanes ac i ba bwrpas.

Portreadu cymdeithas dlawd a hollol ddi-rym yn Eifionydd oedd *Y Pla*. Roedd y Cymry yn y nofel wastad yn sbecian tros ysgwydd hanes, yn wardio rhywle tu cefn iddo fo – fel pobloedd ddi-rym eraill y byd – ond eto ar drugaredd pob math o rymoedd, heb y gallu i wrthsefyll dim. Dyna'r drasiedi yng Nghymru – pobol eraill sydd wastad yn sgwennu'r agenda a ninnau wastad yn gorfod ymateb. O wneud hyn, rydach chi wedi'ch gosod mewn sefyllfa o anfantais cyn cychwyn.

Ond mae *Paradwys* wedi swingio i'r pegwn arall ac yn darlunio haenau uchaf y gymdeithas Ewropeaidd yn niwedd y ddeunawfed ganrif. Erbyn hyn dwi'n meddwl amdani fel nofel dditectif. A thrwy ymchwil y 'ditectif' am graidd y 'gwirionedd' mae hi'n bosib symud rhwng sawl haen o gymdeithas; ymchwilio safbwyntiau – pamffledi a phrop-aganda grwpiau gwahanol, a chanfod pob math o dystiol-aeth sy'n rhoi gwedd wahanol i ddigwyddiadau o fewn y stori ac ati. Cyn imi ganfod y ddyfais yma roedd y cwbl yn tueddu i fod yn drwsgwl a mymryn yn gwmpasog, ond unwaith y daeth y Cofiant i'r blaen, fe ddatryswyd y broblem o neidio daearyddol a thynnu'r holl linynnau naratif at ei gilydd.

Oes rhyw fath o gysur a sicrwydd i'w gael mewn sgwennu nofel sydd yn gwneud defnydd o ffeithiau hanesyddol? Ydi cael rhyw fath o sgerbwd felly yn gymorth i ddod dros y bendro o orfod llenwi tudalennau gwag?

Mae dyfyniad enwog gan Walter Benjamin, rhywbeth yn debyg i hyn (alla i ddim cofio yr union eiriau): 'Mae'r gorffennol nad yw'n cael ei gydnabod gan y presennol fel rhan o'i gonsýrn ei hun mewn peryg o ddiflannu am byth'. Mae dadl hefyd tros honni fod y rhan fwyaf o nofelau yn nofelau 'hanes'. Dyna be ydi'r nofel enwocaf un – *Rhyfel a Heddwch* Tolstoi. Dyna be ydi *Un Nos Ola Leuad*, y nofel hanes enwocaf sydd ganddom ni, ond sydd yn rhyw fath o hunangofiant gwyrdroëdig neu gyffes hunanladdiad yn yr un gwynt. A nofel hanes sy'n hunangofiant ydi *Midnight's Children* ymysg llawer o bethau eraill. Mae o'n anochel fod 'hanes' yn mynd i wthio'i big i mewn i'r ffurf ar y lefel symlaf oherwydd hyd nofel a'r ffaith dy fod ti fel arfer yn rhychwantu cyfnod o amser, hyd yn oed petai hwnnw ond yn ddiwrnod fel yn achos *Ulysses*.

Wyt ti wedi arbrofi gyda gwahanol gyfnodau o gwbl ar gyfer un o'th nofelau, cyn setlo?

Yn od iawn, pan ddechreuais i feddwl am *Paradwys* yn niwedd yr wythdegau, nofel 'gyfoes' (a oedd eisoes adeg hynny'n 'hanes') am y cyfnod hwnnw oedd hi i fod. Yn ystod ail hanner y degawd ro'n i'n teithio 'nôl a mlaen gryn dipyn i Lundain oherwydd 'mod i'n canlyn, ac fe ddes i i adnabod y lle yn weddol a dechrau meddwl am y berthynas hanesyddol sydd wedi bod rhwng Cymru a Llundain ers canrifoedd – er gwell neu er gwaeth. Dyna un peth. Yn ail, roedd llawer iawn o refru a rhuo ar y pryd ynglŷn â 'drygioni'r wladwriaeth fel cysyniad', 'melltith sosialaeth', 'gelyniaeth undebau llafur', 'mawredd y gymdeithas suful', 'rhyddid yr unigolyn' a llu o sloganau gwleidyddol cyffelyb a aeth law yn llaw ag ymdrech cynheiliaid cyfalafiaeth i ail-drefnu eu buddiannau, gan fod y system yn amlwg yn newid gêr, ac roedd y newid yma i'w deimlo'n gryf iawn. Ac er bod llawer o'r bobol a fu'n paldaruo ar y pryd, pobol fel Margaret Thatcher a Ronald Reagan, bellach wedi cilio i'w corneli, mae llawer iawn o'r drwg wnaethpwyd adeg hynny yn dal hefo ni.

Ta waeth, am amryw byd o resymau – gwaith teledu yn bennaf – ches i ddim amser i fynd ati i sgwennu *Paradwys* go-iawn tan tua chanol y nawdegau. Erbyn hynny, roedd y thema wedi crisialu yn weddol glir. Ro'n i'n gwybod be ro'n i isio sgwennu amdano fo, sef goblygiadau 'rhyddid'. Ond doedd gen i ddim stori. A dyna oedd y broblem fwyaf – a'r cur pen. Sut i fynd i'r afael â cheisio darlunio wyth degau yr ugeinfed ganrif trwy naratif a fyddai'n dal hanfod y cyfnod? Ond fel mae'r pethau yma'n digwydd – rhyw bnawn dydd Sadwrn gwlyb neu sych – dyma ddŵad ar draws llyfr am gaethwasiaeth yn niwedd y ddeunawfed ganrif. Ac er mawr syndod – er mawr ryfeddod! – yr un math o sloganau yn union, fwy neu lai, oedd yn cael eu pedlera'r adeg hynny hefyd!

Fel...

... Fel y clodforwyd ac y mawrygwyd dynion busnes ('imperialwyr a lladron a llofruddion'), a gogoniant y gymdeithas suful Ewropeaidd ddiwladwriaeth, yn yr ystyr fodern, a aeth ati i drefnu holocost yn ysbryd gwroldeb ('menter a busnes'), i gludo – be? – ŵyr neb ddim yn iawn – ond oddeutu deunaw miliwn i bum miliwn ar hugain o negroaid o Affrica i Ogledd a De America. Ar y pryd, roedd Thatcher yn amddiffyn hiliaeth De Affrica yn 1986/7 trwy ddweud os byth y chwelir apartheid – cysyniad a sylfaenwyd ar syniadaeth 'ddiwinyddol' sofraniaeth y sfferau, gyda llaw – y duon fyddai'n dioddef waethaf. Beth oedd y dadleuon yn niwedd y ddeunawfed ganrif? Os byth y chwelir caeth-wasiaeth... bla bla bla. Wedyn, dyma ddechrau sylweddoli fod mythau wedi eu creu o gylch hyn i gyd. Myth Wilberforce, y Sant; myth dyngarwch y Saeson yn rhoi stop ar y cwbl. Celwydd noeth, wrth reswm. Y bobol a rydd-haodd y caethion oedd y caethion eu hunain.

Fedri di sôn mwy am y cefndir hwnnw?

Sefydlwyd y wladwriaeth ddu gynta yn Haiti yn 1804. Mater o amser yn unig oedd hi wedyn cyn y byddai gweddill ynysoedd y Caribî yn eu rhyddhau eu hunain. Ond pwy heddiw sy'n cofio Toussaint L'Overture a drechodd nerth byddinoedd Ffrainc a Lloegr? Mae yna nofel wych amdano fo, gyda llaw, gan Alejo Carpentier o'r enw *Teyrnas y Byd Hwn*.

Yr Iseldirwyr oedd y cyntaf i ryddhau eu caethion. Wedyn y Ffrancod. Yn 1832 y diweddwyd caethwasiaeth yn nhiriogaetha'r Saeson; hwyrach fyth gan yr Americanwyr, a hynny yn unig ar ôl rhyfel gwaedlyd, a'r Saeson eto'n cefnogi'r meistri. Mae'r Saeson wastad yn lecio'u portreadu eu hunain fel rhyw ddyngarwyr mawr – meddylier am Dywysog Cymru'r dwthwn hwn ac mae stumog dyn yn troi – ond creu mythau mawr dyngarol wnaethon nhw ynghanol eu project imperialaidd, na chyrhaeddodd ei lawn dwf am dros hanner canrif arall. Y Pax Britannica a Fictoria ar ei gorsedd a gorwelion byd y Sais yn fythol ddifachlud.

Erbyn heddiw, wrth gwrs, mae'r cwbl oll o'r hanes yma braidd yn angof – os nad wedi ei sgubo dan y carped rhag peri unrhyw embaras. O'i gymharu â holocost Iddewig ganol yr ugeinfed ganrif, mae rhyw amnesia dwfn ynglŷn â'r holocost arbennig yma.

Yn y bôn, sut bynnag edrychwch chi arno fo, allwch chi ddim gwadu mai Ewropeaid oedd yn gyfrifol o'r dechrau i'r diwedd – gwŷr y gymdeithas suful yn gwneud yr hyn nad oedd ond yn 'naturiol' iddyn nhw tan arweiniaid awdurdod ysbrydol y Beibl. A'r hyn sy'n wir, yn eironig, ydi'r tebyg-rwydd rhwng dadleuon diwedd y ddeunawfed ganrif a diwedd yr ugeinfed ganrif i gyfiawnhau ecsbloetio masnachol barus ar raddfa fyd-eang – a hwn oedd man cychwyn yr economi fyd-eang go-iawn – er mwyn ymgyfoethogi tan gochl yr hyn a elwir yn 'warchod gwareiddiad', 'gwerthoedd Cristnogol', ac 'amddiffyn rhyddid'.

Mor wirioneddol anghredadwy ac ofnadwy o hen ffasiwn oedd Thatcher, a hithau'n cymryd arni gydol yr amser, druan, mai hi oedd haul rhyw wawr newydd. Mi ges i dipyn o agoriad llygad ac ysgogiad clir. Mater yn unig o ffeindio ffordd o ddweud y stori oedd hi wedyn. Ac er bod y nofel wedi ei lleoli mewn 'cyfnod' arbennig – dwi'n dal i'w gweld hi'n nofel am y 1980au, a dyna pam mae dyfyniad Walter Benjamin mor bwysig.

Beth am sgriptio – oes tensiwn rhwng dy waith comisiwn a'th waith cyhoeddi creadigol? Ydi sgriptio ar gyfer y teledu ac ysgrifennu nofelau yn ddau beth cwbl ar wahân i ti? Wyt ti'n gweld gwahaniaeth mawr rhwng y ddau gyfrwng o safbwynt techneg ysgrifennu, neu ydi'r naill yn gymorth i adfywio'r llall? Nid yn unig fod sgriptio efallai'n medru prynu amser ar gyfer ysgrifennu nofelau, ond fod y ffaith dy fod yn medru treulio'r rhan fwyaf o'th amser yn ysgrifennu yn datblygu'th allu a'th dechneg ysgrifennu'n gyffredinol?

Mae angen chwalu un chwedl goeg. Os ydi rhywun yn sgrifennu ar gyfer y teledu, sgrifennu ar gyfer y teledu mae o. Does fawr o amser i ddim byd arall. Gyhoeddais i'r un llyfr yn ystod y naw degau am y rheswm syml nad oedd amser gen i oherwydd 'mod i'n llafurio cymaint i'r teledu. Tua phum cyfres a thair ffilm – y rhan fwyaf yn y Gymraeg a rhyw ddau neu dri pheth yn Saesneg: ac un ddrama lwyfan hir. Gydol y degawd mi es i o un peth i'r llall – y naill broject teledu yn goferu i'r nesa – a heblaw am un hoe gafwyd ryw ddwy flynedd yn ôl er mwyn rhoi cychwyn ar waith rhyddiaith newydd, dyna'r oll wnes i heblaw am weithio'n dow dow ar *Paradwys* pan o'n i'n gallu, ond doedd hynny ddim yn aml iawn. Felly, peidied neb â meddwl mai gwaith hawdd ydi sgwennu ar gyfer y teledu. Mae hi'n joban galed sy'n mynd ag amser rhywun yn llwyr. A tydw i ddim chwaith yn lecio'r meddylfryd sy'n dweud y dylai'r diwydiant teledu neu unrhyw ddiwydiant arall noddi a chynnal y diwydiant cyhoeddi. Mater i'r diwydiant cyhoeddi ydi bod yn ddigon brwdfrydig ac yn ddigon ymroddedig ac yn ddigon blaengar ac yn ddigon aeddfed ac yn ddigon cyfrifol i edrych ar ôl ei filltir sgwâr ei hun. Hyd yma, wrth gwrs, tydi hynny ddim yn digwydd, ond mae arwyddion fod pobol yn sylweddoli ei bod hi'n argyfyngus a bod rhaid i bethau newid neu mi fydd yr hirlwm ym maes nofelau i oedolion yn para hyd byth heb yr un gwanwyn ar y gorwel.

Mi fuost ar daith yn y Ffindir yn ddiweddar yn do? Beth oeddet ti'n ei feddwl o'u buddsoddiad hael nhw mewn llenyddiaeth ac awduron cyfoes?

Mae mynd allan o Gymru bob amser yn llesol gan fod rhywun hefyd yn cefnu ar Loegr. Wrth fynd yn hŷn, mae rhywun yn teimlo melltith Lloegr ar ein bywydau ni fwyfwy. O roi troed ar dir mawr Ewrop neu America mae 'na ymryddhad i'w deimlo – bron yn gorfforol, yn ogystal ag yn seicolegol. Dwi'n cofio mynd ar daith lenyddol i'r Almaen hefo Chris Meredith ryw bum mlynedd 'nôl a sylweddoli am y tro cynta ein bod ni'n cael ein trin yn hollol gydradd ag awduron eraill. Perthynas hiliol ydi perthynas Cymru a Lloegr. Pan ddaru Rosamond Lehmann adolygu llyfr gen Kate Roberts yn 1946, mi soniodd hi am yr *'incuriosity'* sydd gan y Saeson at ddiwylliant Cymru. *'Incuriosity.'* Gair diddorol. A gair ag agwedd meddwl ddifaol iawn y tu ôl iddo, oherwydd mae peidio â bod yn chwilfrydig ynglŷn â phobloedd a diwylliannau eraill yn waeth na'u condemnio. O leia pan mae rhywun yn condemnio, mae o wedi gorfod ymrafael â rhywbeth yn y lle cynta yn hytrach na bod yn hollol anchwilfrydig – sy'n awgrymu'r dirmyg eithaf. Hynny ydi, tydach chi ddim hyd yn oed yn teilyngu sylw. Rydach chi islaw sylw. Mewn geiriau eraill, y chi ydi baw isa'r domen. A dyma'r agwedd meddwl sy'n bodoli ymysg rhai Saeson.

Am y Ffindir, mi wnes i fwynhau. Roedd o'n dipyn o agoriad llygad gweld sut maen nhw'n cynnal eu diwylliant. Fel mae'n digwydd, mae Cyngor Llyfrau Cymru wedi mynd mor bell â datgan y caren nhw recriwtio ugain awdur ar gyflog hefyd, a pham lai? Be sy o'i le ar hynny? Fel ti'n dweud, dyna sy'n digwydd yn y Ffindir; a diwylliant lleiafrifol ydyn nhw sy wedi cydnabod y ffaith syml, os ydach chi am weld llyfrau yn y siopau, yna mae'n rhaid ichi noddi gwaith o'r fath mewn cyd-destun anfasnachol, neu chewch chi mohono fo ar wahân i lyfr fan hyn a llyfr fan draw bob hyn a hyn yn ysbeidiol, yn ôl mympwy awduron sy'n mynd ati i sgwennu o'u pen a'u pastwn eu hunain. Tydi hynny rhywsut ddim yn creu cynnwrf a momentwm. Tydi o ddim yn cydnabod gwerth a phwysigrwydd y gweithgarwch. Felly, er mwyn cyflawni'r ddeubeth, cyflogi awduron amdani – dyna'r unig ateb. Dyna'r unig ffordd ymlaen i ninnau hefyd os ydan ni wir am weld llewyrch yn y maes llyfrau – sydd yn ei dro, wrth gwrs, yn bwydo a chyfoethogi cymaint o feysydd diwylliannol ac addysgol eraill yn ogystal â bwydo teledu, ffilm a radio ac ati.

Wrth gwrs, fel o'n i'n sôn, mae tipyn mwy o gefnogaeth olygyddol ar gael ym maes sgriptio teledu nag sydd ym maes llyfrau; mae'n gallu mynd yn llafurus, yn enwedig pan fo ganddoch chi fwy nag un pen bandit a'r peth yn troi'n dipyn o 'ymdrech pwyllgor'. Ond proses ar y cyd ydi cynhyrchu rhaglenni teledu ac mae hi'n bwysig fod pawb yn parchu'i gilydd.

Mae'n siŵr fod hynny'n gyrru pobol weithiau benben â'i gilydd.

Wel yndi, mi ges i helynt diawledig hefo cyfarwyddwr ar *Pris y Farchnad* ddechra'r nawdegau. Dyn o'r enw Tim Lyn. Roedd o'n mynnu gwneud pob un dim ei ffordd ei hun, a hyd yn oed yn mynd mor bell â gwneud stwff byrfyfyr hefo'r actorion gan newid trywydd y stori a bwrw pawb oddi ar 'u hechel ac ati. Ar ôl yr ail gyfres mi benderfynais i nad o'n i am fod ar gyfyl y drydedd gyfres. A hynny fu, er i'w dad o, David Lyn, a oedd yn cynhyrchu'r peth, ac sy'n gyfarwyddwr gwirioneddol ragorol, grefu arna i i'w sgwennu hi. Nid 'mod i yn erbyn arbrofi o unrhyw fath – gora po fwya; ond sail fy ngwrthwynebiad i ar y mater uchod oedd pam medliach hefo cyfres a oedd yn gweithio'n iawn fel oedd hi? Ac roedd y drydedd gyfres, a sgrifennwyd gan Tim a dau neu dri o'r actorion, yn ddim llai na llanast di-blot, di-glem hefo pobol yn sgrechian ar ei gilydd. Doedd ryfedd i S4C ystyried tynnu'r plwg ar y peth wrth iddo gael ei ffilmio.

Problem arall ydi sensoriaeth. Roedd hyn ymhlyg mewn darlledu Cymraeg am flynyddoedd oherwydd y Ddeddf Ddarlledu a nodai fod yn rhaid i raglenni fynd allan ar yr 'oriau brig'. Be arall fedrwch chi ei wneud ar adegau felly wedyn ond darlledu 'stwff teuluol'? Erbyn hyn, mae pethau wedi newid, mae rhaglenni'n cael eu darlledu yn hwyrach, ac mae sianel ddigidol, ond mae'r hyn mae rhywun yn cael ei ddweud yn dal i gael ei ffrwyno o hyd. Y broblem ydi eich bod chi'n darlledu i stafelloedd byw pobol, ac mae'n rhaid bod yn 'ofalus' rhag ypsetio...

Dyna fanteision ffilmiau, mae'n siŵr...

Mi fyddai hi'n bosib gwneud a dweud llawer mwy trwy ffilm, hynny yw, ffilmiau go-iawn ar gyfer y sinema ac nid 'ffilmiau teledu'. Does dim diwydiant ffilm go-iawn yng Nghymru; atodiad ysbeidiol ydi o i ddiwydiant y sgrîn fach, a go brin y bydd pethau'n newid. Hollywood bia'r byd cyn belled ag mae'r cyfrwng yma'n bod. Y gair sy'n tra-arglwyddiaethu o hyd ar y sgrîn fach i raddau helaeth: pobol mewn stafelloedd yn siarad hefo'i gilydd. Delweddau ydi hanfod y sgrîn fawr a phrif gyfrwng celfyddydol yr ugeinfed ganrif yn ddi-os oedd ffilm.

Os oes yna gelfyddyd yn bwydo ar gelfyddyd arall, wel, mi faswn i'n dweud yn ddi-os mai llenyddiaeth – a'r nofel yn benodol – sydd wedi ei dylanwadu gan ffilm. Mewn llyfr ar fywyd a gwaith Graham Greene (Cedric Watts, Longman, 1997) mae'r awdur yn pwysleisio bod Greene wedi sgrifennu pob dim bron ag un llygad gwastad ar ddatblygu pellach ar gyfer y sinema; mi welodd tua phump ar hugain o ffilmiau yn cael eu cynhyrchu o'i nofelau a'i storïau. Yn ogystal â hyn, bu Greene am gyfnod yn adolygydd ffilm, ac felly mae'n rhaid ei fod o wedi cynefino'i hun â 'gramadeg' y cyfrwng. Mae'r rhan fwyaf o nofelau erbyn hyn – yn ymwybodol neu'n anymwybodol, ddyliwn i – yn dangos rhyw gymaint o ôl technegau ffilmiau: y ffordd rydach chi'n adeiladu golygfeydd ac yn torri o'r naill i'r llall; dull o gymeriadu ac ati; does ond rhaid ichi ddarllen pennod agoriadol *The Satanic Verses* i weld fod honno'n darllen bron fel ffilm; a seren ffilm Bollywoodaidd ydi un o'r prif gymeriadau sy'n disgyn o'r uchelder maith wedi i'r awyren ffrwydro. Yn nes ymlaen yn y nofel mae Rushdie hyd yn oed yn mynd mor bell â defnyddio jargon technegol fel

'tracio' a 'pov' wrth ddisgrifio Mohamed ar y mynydd – sy'n datgan yn weddol ddiamwys fod cyfrwng y nofel wedi ymgorffori cryn dipyn o 'system arwyddion' cyfrwng arall. Yn *Dirgel Ddyn* wedyn, mae Mihangel Morgan yn defnyddio'r sinema fel motiff drwyddi draw.

Sut wyt ti'n teimlo ynghylch cyrsiau ysgrifennu creadigol? Ai cymorth i arbed amser ydyn nhw?

Buddiol iawn ar y cyfan, dwi'n meddwl. Fel rhywun sydd wedi bod ar amryw, ac wedi cynnal ambell un fy hun, dwi'n meddwl eu bod nhw'n reit werthfawr. Mae o'n gyfle i bobol o wahanol gefndiroedd ddod at ei gilydd i drin a thrafod yn un peth. Ac mae hynny'n bwysig o gofio mai gwaith gweddol unig ydi sgwennu a phawb yn tueddu i dreulio lot fawr o amser wedi ei gloi hefo'i feddyliau ei hun a phob math o bethau rhyfedd yn rhyw hen surdan droi ym meddwl rhywun. Mae o wastad yn beth iach i fynd allan o'r tŷ, p'run bynnag. Mi fuo John Rowlands a Bobi Jones yn cynnal cwrs llwyddiannus iawn ym Mhrifysgol Aberystwyth – ydi o'n mynd o hyd? – ac mae llu o bobol wedi bod ar hwnnw, Robin Llywelyn yn eu mysg nhw.

Syniad o America ydi cyrsiau sgwennu, wrth gwrs; syniad a gododd yn wreiddiol o weithdai ffilmiau yn Hollywood yn y tri degau ac a oferodd maes o law i'r Prifysgolion. Mae o'n rhywbeth sydd wedi hen sefydlu yn yr Unol Daleithiau ers y pum degau ond digon cyndyn fuo pobol 'rochor yma i'r dŵr i dderbyn y peth – er bod Bobi Jones ymhell ar y blaen gan iddo fo argymell gwerth cwrs o'r fath cyn i rywun fel Bradbury wneud yn East Anglia. Erbyn hyn, maen nhw'n codi fel madarch ym mhob man. Os trowch chi at silffoedd llyfrau Saesneg, mae peth wmbreth o lawlyfrau ar sut i fynd ati i wneud pob mathau o sgwennu.

Oes yna un cwrs nodedig iti fod arno fo?

Y cwrs gorau o'i fath imi fod arno fo erioed oedd un Robert McKee ar sgwennu ffilm. Cynhaliwyd hwn yng Nghaerdydd ryw wyth neu naw mlynedd yn ôl, ac mae o'n dal i'w gynnal o ar hyd a lled y byd; dwi'm yn amau nad ydi o wedi bod yn ôl yma ers hynny hefyd. Mae o bellach wedi cyhoeddi'r cwrs tridiau mewn llyfr o'r enw *Story – substance, structure, style and the principles of screenwriting.*

Yr hyn oedd yn ddifyr ac yn addysgol ynglŷn â'r cwrs yma oedd y modd roedd McKee yn mynd yn ôl at egwyddorion rhywun fel Aristotlys ac yn cymhwyso theorïau i'r broses ymarferol. Canolbwyntio roedd o yn y diwedd ar sut mae adrodd stori, gwneud hynny yn y modd gorau posib. Fel mae pawb sydd wedi mynd ati erioed i drio gwneud yn gwybod, mae sgwennu stori'n waith caled iawn. Cymwynas arall a wnaeth McKee â ni oedd crisialu neu grynhoi rhywbeth roedd rhywun yn reddfol yn ei deimlo ond wedi methu â rhoi ei fys arno'n union. Yr eirioni ydi fod MacKee – er yn traethu am grefft sgwennu – o'r braidd wedi gwneud dim o hynny ei hun, heblaw am ambell bennod o *Kojak*!

Pa gynlluniau sydd gen ti ar ôl i *Paradwys* fynd i'r wasg?

Mae gen i nofel arall ar y gweill ond hyd yn hyn mae hi'n dal yn ddi-deitl. Mi fydd hon yn bendant yn dipyn byrrach peth na *Paradwys*, ac wedi ei lleoli yn hanner cyntaf yr ugeinfed ganrif – ond ar wahân i hynny, does gen i ddim isio dweud chwaneg ar hyn o bryd rhag ofn i bethau newid! Mae gen i rai storïau byrion (hir a byr) leciwn i eu cyhoeddi rywbryd – rhyw bethau sgwennwyd hwnt ac yma am amryw byd o bynciau. Ac mi leciwn i sgwennu drama lwyfan arall hefyd – un hefo cast go fawr. Mae gen i syniad am un wedi'i gyflwyno llynedd, ond wn i ddim a fydd comisiwn; mi gawn ni weld be ddaw.

Cyfrolau gan Wiliam Owen Roberts:

Bingo!, 1985
Y Pla, 1987
Hunangofiant (1973–1987): Cyfrol I, Y Blynyddoedd Glas, 1990
Paradwys, 2001

bethan gwanas

Ganwyd Bethan Gwanas yn ardal Dolgellau. Symudodd yn ôl i'r ardal i fyw mewn tŷ cerrig hardd efo gardd anhygoel yn dorch o'i chwmpas, hynny mewn llecyn hynod brydferth yn Rhyd-y-main, ger Dolgellau. Ysgrifennodd ei nofel gyntaf, *Amdani!* (1997) tra oedd yn byw ym Methesda. Gwnaethpwyd cyfres deledu boblogaidd ohoni. Hi hefyd yw awdures *Bywyd Blodwen Jones* (1999), *Blodwen Jones a'r Aderyn Prin* (2001) a *Tri Chynnig i Blodwen Jones* (2003), *Llinyn Trôns* (2000), *Sgôr* (2002), *Gwrach y Gwyllt* (2003) a *Ceri Grafu* (2003). Gweithiodd am gyfnod yn Nigeria gyda'r VSO a cheir yr hanes yn ei chyfrol *Dyddiadur Gbara* (1997). Bellach mae'n ysgrifennu ar ei liwt ei hun yn llawn-amser. Mae'n golofnydd hefyd i'r *Herald Cymraeg* ers rhai blynyddoedd ac mae detholiad o'i cholofnau yn *Byd Bethan* (2002). Yn 2003 bydd yn paratoi i fynd ar daith o gwmpas y byd ac yn cyhoeddi llyfr am y profiad.

Ers faint wyt ti wedi bod yn ysgrifennu?
Ers y boreau Llun a Stori yn yr ysgol gynradd. Ond yn broffesiynol fel petai, ers 1996.

Beth ydi'r cymhelliad?
Methu peidio. Dyma pryd ydw i hapusaf. Ond hefyd, oherwydd bod pobol yn gofyn i mi sgwennu.

Pam wyt ti'n meddwl mai dyna pryd rwyt ti hapusaf? Fedri di ddisgrifio'r teimlad? Pa fath o hapusrwydd ydi o?
Hapusrwydd o golli fy hun yn llwyr, anghofio am fwyta, am ffonio. Ond wedi dweud hynny, fel yna y bydda i pan dwi'n darllen hefyd, ac erbyn gorffen sgwennu, mi dwi'n hanner marw, ond yn teimlo'n ysgafnach rywsut. Ydi o'n hapusrwydd? Mae o'n fwy o ysfa. Tydi o ddim yn brofiad hapus bob tro, ond pan mae'r sgwennu'n cymryd drosodd a'r stori'n sgwennu'i hun a'r cymeriadau'n sgwennu eu

Ilun Richard Morgan

hunain, dwi'n cynhyrfu drwodd i gyd. Ac os dwi'n llwyddo i wneud fy hun i chwerthin a chrio, dwi wrth fy modd.

Oedd ysgrifennu nofel yn rhywbeth y gwnest ti ddyheu i'w wneud erioed? Wyt ti'n cofio penderfynu dy fod am fod yn awdur? Pa mor allweddol oedd dy fagwraeth i'th gymell yn hynny o beth?

Yn bendant, bod yn awdur oedd fy nymuniad erioed, yn enwedig sgwennu nofelau, ond wnes i erioed feddwl y byddai'n digwydd go-iawn. Dwi ddim yn cofio gwneud y penderfyniad. Ond mi fues i'n potsian efo darnau bychain, gyrru erthyglau i *Pais*, ac yn sgil hynny, cael gwahoddiad i sgwennu monologau i Radio Cymru, ac yn sgil hynny wedyn, cael gwahoddiad i sgwennu colofn yn *Golwg* ac yn y blaen, ac yn ara bach, fe dyfodd yr hyder, ac yna mi es ar gwrs i Dŷ Newydd, a dyna pryd daniodd pethau go-iawn. Dwi angen ymateb pobol yn ofnadwy, angen gwybod os ydw i'n plesio ac yn llwyddo i gyfathrebu drwy'r hyn dwi'n ei sgwennu. Canmoliaeth – hwnna ydi o! Ac yn sgil yr ymateb i'r straeon byrion, ysgrifau ac ati, mi ges i'r hyder i geisio am ysgoloriaeth CCC i sgwennu nofel, sef *Amdani!* Pa mor allweddol oedd fy magwraeth? Wel, rydan ni'n deulu 'Y Pethe' ac roedd Mam wedi f'annog i ddarllen erioed. Ond dydan ni ddim yn deulu llenyddol chwaith o bell ffordd. Mae'r ffaith 'mod i bellach yn awdures boblogaidd wedi bod yn dipyn o sioc i bawb dwi'n meddwl. A bod yn onest, dwi'n meddwl mai comics fy mhlentyndod a'r holl *penfriends* oedd gen i oedd y dylanwad mwyaf. Ond dwi'n cofio Twm Miall yn fy nghornelu mewn tafarn ac yn fy nghynghori i sgwennu mwy. Roedd hynny'n drobwynt pendant.

Fedri di ddisgrifio'r cyfnod pan oeddet yn gweithio ar *Amdani!*?

Roedd o'n gyfnod bendigedig. Ro'n i wedi cael ysgoloriaeth Cyngor y Celfyddydau i sgwennu felly roedd yna'r teimlad hefyd o wybod bod y penderfyniad wedi ei wneud fod y syniad yn un da a bod gen i'r gallu i sgwennu nofel. Oni bai am hynny, efallai na fyddwn i wedi cael yr hyder i sgwennu un.

Mi fyddwn yn mynd ar fy meic i'r *gym* ym Methesda bob bore, yna'n dod adre wedi deffro ymhob ystyr y gair, a dechrau sgwennu, ac wedyn doeddwn i ddim isio stopio. Weithiau mi fyddwn i allan gyda ffrindiau ar nos Sadwrn a jest ddim yn ymlacio – ro'n i fel gafr ar dranau. Erbyn hanner awr wedi naw mi fyddwn wedi gadael y criw er mwyn mynd adre i sgwennu tan dri y bore weithiau, ac yna chwerthin nes disgyn oddi ar y gadair. Mi wnes i wirioneddol fwynhau gweithio ar *Amdani!* – y nofel hynny yw, nid y gyfres deledu. Er roedd 'na adegau pan o'n i'n mwynhau sgwennu'r gyfres hefyd, unwaith 'mod i'n deall y cyfrwng yn well ac yn cael athrylith fel Mei Jones i gael golwg dros y cwbl a dangos i mi sut i'w wella fo.

Roeddet yn sôn am ddylanwad llythyru efo *penfriends*, fyddi di'n dal i ysgrifennu llythyrau? Wyt ti'n cael ysgrifennu llythyrau'n ffordd dda o ddistyllu syniadau sy'n cyniwair yn anuniongyrchol? Fyddi di'n sylwi dy fod yn ysgrifennu mwy o lythyrau pan fyddi ar ddechrau rhyw broject ysgrifennu, fel ffordd o gael pethau i symud?

Mi fydda i'n dal i ysgrifennu llythyrau, ond nid mor aml rŵan oherwydd y rhyngrwyd a'r ffaith fod gen i ffrindiau sy'n rhai sâl iawn am sgwennu'n ôl. Mae'r diawliaid yn codi'r ffôn i ddiolch am y llythyr – mae isio gras weithiau. Ond mi alla i wastad ddibynnu ar Margiad Roberts, awdures *Sna'm Llonydd i Ga'l* a *Tecwyn y Tractor*. Os am gynnal perthynas drwy lythyrau rhaid sticio at y rhai sy'n mwynhau sgwennu, ond does ganddi hithau na finnau'r amser i sgwennu llythyrau oherwydd yr holl sgwennu rydan ni'n ei wneud fel mae hi. Ond os ydach chi'n llythyrwr wrth reddf, mi wnewch chi ddod o hyd i'r amser rywsut neu'i gilydd. Y broblem ydi fod ysgrifen Margiad fel traed brain erioed ac yn mynd yn waeth wrth iddi fynd yn hŷn, ond mae'n hwyl ceisio ei deall. Mi fydda i'n llythyru oherwydd fy mod i'n hoffi derbyn a darllen llythyrau. Does dim byd tebyg i glywed fflop o lythyrau go-iawn yn disgyn drwy'r twll llythyrau. Ond dwi hefyd yn sgwennu oherwydd y therapi mae sgwennu llythyr yn ei gynnig i rywun. Mae sgwennu colofn wythnosol i'r *Herald* fel sgwennu llythyr – llythyr sy'n cyrraedd cannoedd o bobl, a hynny hefo dim ond un stamp.

Oes yna batrwm clir i'th waith creadigol, o ran amserlen? Fyddi di'n cysegru amser pendant bob wythnos i sgwennu, p'un ai fod gen ti gytundeb penodol i weithio arno fo ai peidio? Fedri di sôn rhywfaint am hynny?

Yn y bôn, dwi wedi cysegru fy mywyd i sgwennu ar hyn o bryd! Ar un adeg doedd gen i ddim bywyd cymdeithasol, dim gwyliau, dim byd! Ond dwi wedi callio rywfaint erbyn hyn. Ar y llaw arall, pan mae ganddoch chi *deadlines*, does ganddoch chi ddim dewis. Gwaith teledu sy'n rhoi'r pwysau yma ar rywun. Mae sgwennu nofel yn bleser pur o'i gymharu. Mewn bywyd delfrydol, mi fyddwn yn ceisio sgwennu o naw tan bump, ond weithiau, mae'r awydd yn

codi am dri y bore, a phan fydd hynny'n digwydd, alla i ddim peidio.

Fyddi di'n deisyfu am ynysu dy hun pan fyddi'n gweithio ar rywbeth sydd angen tipyn o dy feddwl? Hynny ydi, fyddi di'n deisyfu rheolaeth lwyr dros dy batrwm byw heb amhariadau allanol?

Byddaf a na fyddaf. Mi fydda i'n ynysu fy hun gymaint nes mae gweld unrhyw un, hyd yn oed y postmon, yn nefoedd. Ond pan fydd rhywun yn galw gyda gwaith amherthnasol i mi, mi dwi'n flin.

Wyt ti'n sgwenwraig sydyn?

Ydw. Pan fydda i'n dechrau, alla i ddim rhoi'r gorau iddi. Ond mi fydda i hefyd yn golygu drwy'r amser.

Pa mor sydyn? Hefyd, fyddet ti'n disgrifio dy hun fel sgwenwraig ddisgybledig?

Sydyn iawn pan fydd y stori'n llifo. Mi sgwennais i *Bywyd Blodwen Jones* a *Ceri Grafu* mewn chwinciad. Ond mi all stori fer gymryd wythnosau a misoedd weithiau. Disgybledig? Ydw yn y bôn, ond mae'n rhaid i mi gael amser allan yn yr ardd yn clirio fy mhen yn rheolaidd, neu mi dwi'n mynd yn sâl. Gwybod pryd i roi'r gorau iddi ydi 'mhroblem i wedi bod erioed.

Ydi patrwm a rhythm gwaith yn bwysig?

Ydi, ond yn y byd hunanliwtio, mae hynny bron yn amhosib.

Fedri di ddisgrifio diwrnod gwaith creadigol cymharol nodweddiadol? Faint o'r gloch fyddi di'n codi, beth fyddi di'n ei wneud gyntaf: fyddi di'n dechrau ysgrifennu peth cyntaf, fyddi di'n torri am de neu goffi bob awr i gychwyn, ac yna, wrth i bethau wella, fyddi di'n anghofio am goffi'n gyfan gwbl; fyddi di'n edrych allan drwy'r ffenest gryn dipyn (ar yr ardd!), neu ydi dy ddesg yn wynebu wal, neu efallai nad wyt yn gweithio wrth ddesg? Fyddi di'n hoff o fynd am dro, gwneud rhywbeth cwbl wahanol wedi sesiwn go-lew – coginio neu arddio neu rywbeth arall?

Dwi'n codi tua wyth a rhoi'r cyfrifiadur ymlaen a gwneud paned o goffi, cael brecwast tra 'mod i'n darllen fy mhost ac e-bost. Mae wastad yn well gwneud y pethau hyn yn syth bin ac yna setlo i lawr i sgwennu nes y bydda i angen awyr iach neu baned o goffi arall. Os bydda i'n sgwennu nofel, dwi'n mynd-mynd nes y bydda i bron â disgyn, neu bron â marw o syched. Os bydda i wrthi'n sgwennu sgript deledu, dwi'n cael paneidiau bob awr. Mae fy nesg yn wynebu'r ffenest fel 'mod i'n gallu gweld yr ardd, ond fydda i ddim yn edrych drwyddi'n afresymol o aml. Ond mae gwylio'r adar yn therapiwtig iawn, a bob hyn a hyn dwi'n cael ysfa i goginio rhywbeth melys, felly dwi'n gwneud tarten riwbob, ond wastad yn gorfod taflu ei hanner hi oherwydd 'mod i'n anghofio amdanyn nhw nes eu bod nhw fel concrid wedi pydru. Mi fydda i'n garddio mymryn bob dydd hefyd, waeth beth fo'r tywydd. Ar un adeg, ro'n i'n teimlo'n euog os o'n i'n treulio cyfnod hir yn mynd am dro neu'n galw i weld ffrindiau, ond dwi wedi llwyddo i roi fy sgwennu mewn persbectif bellach.

I ba raddau wyt ti'n plotio'r gwaith cyn cychwyn? Neu wyt ti'n medru cynnal llawer yn dy ben?

Mae'n dibynnu'n llwyr ar yr hyd. Dwi'n plotio cyn dechrau, ond weithiau, mae stori'n sgwennu ei hun, a chymeriadau'n mynd eu ffordd eu hunain, felly does dim diben bod yn rhy gaeth i'r plot cychwynnol. Cof byr-dymor sydd gen i, felly er 'mod i'n gallu cofio llwyth o bethau am gyfnod byr, bron fel cof ffotograffaidd, mi fydd y cwbl wedi diflannu o fewn wythnos, felly rhaid sgwennu popeth i lawr ar ffurf nodiadau cyn i mi anghofio. Mae'r lle yn aml yn *post-its* i gyd gen i.

Beth am drefn o dy gwmpas? Wyt ti'n un o'r bobol yma sy'n glanhau'r tŷ i gyd cyn cychwyn? Neu wagio ac aildrefnu droriau? Neu wyt ti'n hapusach efo anhrefn? Neu efallai nad ydi'r fath gwestiwn erioed wedi croesi dy feddwl?

Trefn? Beth ydi hwnnw? Dwi'n gwybod ble mae pob dim, a dwi'n hwfro a golchi llestri os dwi'n amau fod Mam ar ei ffordd.

Beth am leoliad daearyddol? Wyt ti'n ei chael yn hawdd setlo i ysgrifennu ble bynnag yr wyt ti? Fydd hynny'n amrywio yn ôl gwahanol gamau a gofynion y gwaith?

Mi fedra i sgwennu yn unrhyw le, unrhyw adeg. Mater o raid.

Ble fydd hynny fel rheol?

Wrth fy nesg.

Mae gen ti ardd hardd iawn. Ai dim ond y ti sy'n garddio'r holl le? Fyddi di'n hoff o ysgrifennu allan ynddi pan fo'r tywydd yn caniatáu?

Ia, fi sy'n garddio – ar ôl darllen dwsinau o lyfrau garddio, a

chodi wal gerrig i gadw'r defaid allan. A byddaf, mi fydda i'n ceisio sgwennu yn yr ardd weithiau, ond mae'r adar a'r blodau ac yn y blaen yn tueddu i dynnu fy sylw, felly mae'n haws dan do.

Efo beth fyddi di'n ysgrifennu? Cyfrifiadur? Efo llaw?

Cyfrifiadur. Mae f'ysgrifen wedi mynd i'r gwellt. Ond nid cynddrwg ag un Margiad Roberts!

Pa mor aml fyddi di'n argraffu'r hyn rwyt ti wedi ei ysgrifennu cyn cario ymlaen? Bob tudalen? Fyddi di'n hoffi gweld y peth yn datblygu ar bapur yn hytrach na dim ond ar y sgrîn?

Fydda i byth yn printio dim – dwi'n hapus iawn efo'r sgrîn.

Ti'n dweud bod ysgrifennu creadigol yn bleser amheuthun. Pa mor aml mae hynny'n wir? Ydi hynny'n golygu nad wyt ti byth yn gwylltio? Neu ydi'r gwylltio'n rhan o'r pleser?

Pleser gan amlaf, diolch byth. Dwi ddim yn un sy'n gwylltio'n hawdd – gwylltio go-iawn, hynny yw – ond pan fydda i'n ffrwydro tuag unwaith bob pum mlynedd, dwi'n beryg bywyd, ac yn dychryn fy hun weithiau. Ond dwi'n meddwl fod y sgwennu yn ffrwyno'r gwylltineb fyddai fel

arall yn dod allan mewn rhyw ffrae neu'i gilydd. Ar y llaw arall, pan o'n i'n sgwennu sgript deledu, ro'n i'n gwylltio'n eithaf aml efo mi fy hun.

Rwyt ti bellach yn ysgrifennu'n greadigol yn llawn-amser. Ydi'r elfen o bleser yn beryg o droi'n fwrn ar ôl sbel?

Mae sgwennu ar gyfer y teledu yn fwrn ond y funud dwi'n dechrau ar unrhyw fath o ryddiaith fwy 'rhydd', dwi yn fy nefoedd. Ers dechrau sgwennu nofelau yn llawn-amser dwi fel hwch mewn siocled. A dwi wedi dechrau cael blas ar sgwennu dramâu llwyfan hefyd. Felly hyd yma, mae'r pleser yn parhau.

Ond sut fyddi di'n cael pethau i symud pan fo'r mynd yn araf? Ydi newid amgylchfyd yn help?

Y mynd yn araf?! Dwi'n mynd fel trên ers 1996! Ond na, mae'r pen yn troi'n uwd weithiau, a'r ateb wedyn ydi mynd am dro neu chwarae gêm galed o badminton.

Wyt ti'n teimlo euogrwydd o gwbl pan fyddi di'n ysgrifennu, rhyw deimlad na ddylai rhywun fod yn cael treulio cymaint o amser yn gwneud rhywbeth sy'n rhoi cymaint o bleser? Neu, oherwydd ei bod bron yn amhosib ysgrifennu'n llawn-amser yn Gymraeg, heb arian wrth gefn, efallai nad ydi teimlad felly'n codi ei ben? Wrth gwrs, mae ysgrifennu creadigol hefyd yn rhan annatod o'n diwylliant, yn tydi, yn wahanol i'r diwylliant Saesneg.

Euogrwydd? Na, dwi'n teimlo 'mod i'n cynorthwyo'r diwydiant llyfrau, yn rhoi deunydd gwahanol i bobl ddarllen. A thra byddan nhw'n dal i ddarllen a mwynhau yr hyn dwi'n sgwennu, fydd gen i ddim owns o euogrwydd. Mae angen pobl fel ni i gadw sgwennu yn rhan o'n diwylliant, gan ei bod hi'n edrych yn ddu iawn arnom ni o ran y nifer o bobl sy'n darllen Cymraeg y dyddiau hyn. Ond dwi'n optimist, yn gweld haul ar y gorwel.

Beth am ysbrydoliaeth yn gyffredinol? Ydi teithio'n rhan annatod o hynny? Mi wn dy fod wedi byw nifer o weithiau dramor, ac mewn llefydd tra gwahanol i'w gilydd. Fyddi di'n ysgrifennu o gwbl tra byddi i ffwrdd?

Does dim prinder ysbrydoliaeth ar hyn o bryd. Mae'r syniadau'n ciwio i fyny. Ond ia, teithio: o am gael yr amser i deithio mwy. Bob tro y bydda i'n mynd, mae'r dyddiadur yn dod hefyd, yn bendant. Mi fydda i'n gwireddu breuddwyd eleni – cael mynd rownd y byd ar gyfer cyfres deledu *Ar y Lein* – a chael fy nhalu!

Wyt ti'n cael dy demtio i godi dy bac eto am gyfnod? Gan dy fod yn byw yn y wlad, fyddi di'n cael dy atynnu gan fwrlwm dinasoedd pan fydd gen ti wyliau?

Fy nhemtio i godi fy mhac? Yn ddyddiol. Mae'r traed yn cosi'n ofnadwy. Ond mae dinasoedd yn fy nychryn braidd. Gwell gen i fynd allan i'r wlad at y werin. Wedi dweud hynny, dwi wrth fy modd ym Mharis, Madrid, Barcelona, Prâg. Do'n i ddim yn rhy hoff o Efrog Newydd – rhy fawr, rhy brysur.

Fyddi di'n hoffi gwylio a gwrando ar bobl? Hefyd, mi rwyt ti'n siarad nifer o ieithoedd, yn dwyt? Oes yna gysylltiad rhwng dysgu ieithoedd tramor ac ysgrifennu creadigol?

Weithiau bydd gan fy ffrindiau a fy nghydweithwyr ofn siarad pan fydda i o gwmpas, ac mi fydda i wrth fy modd yn gwrando ar sgyrsiau pobol eraill mewn caffis. Mae Caernarfon yn lle da am sgyrsiau difyr a hollol swreal. Mae yna gysylltiad pendant rhwng dysgu ieithoedd a sgwennu creadigol – dwi'n hoffi sŵn geiriau, ac mae'r profiad o ddysgu wedi bod yn gymorth pendant wrth sgwennu tair cyfrol am Blodwen Jones, sy'n dysgu Cymraeg.

Fyddi di'n cario rhyw syniad am ddarllenydd arbennig yn dy ben wrth ysgrifennu? Ydi hynny'n gymorth neu'n llestair? Wyt ti'n hoffi gwybod pwy ydi dy ddarllenwyr?

Bob amser. A dwi newydd sylweddoli mai fi fy hun ydi hi; wel, yn y bôn. Hyd yn oed wrth sgwennu llyfrau plant, dwi'n sgwennu gyda mi fy hun, yn yr oed hwnnw, mewn golwg. A dwi'n ddarllenwraig hynod ffyslyd a beirniadol! Dwi'n credu'n gryf y dylid bob amser ystyried y darllenwyr wrth sgwennu. Dim ond hanner y job ydi sgwennu nofel. Mae'r hanner arall yn nwylo'r darllenydd.

Cyfrolau gan Bethan Gwanas:

Amdani!, 1997
Dyddiadur Gbara, 1997
Bywyd Blodwen Jones, 1999
Blodwen Jones a'r Aderyn Prin, 2001
Byd Bethan, 2002
Tri Chynnig i Blodwen Jones, 2003
Gwrach y Gwyllt, 2003

plant
Llinyn Trôns, 2000
Sgôr, 2002
Ceri Grafu, 2003

niall griffiths

Cyhoeddodd Niall Griffiths ei nofel gyntaf, *Grits*, yn 2000, ac yna *Sheepshagger* yn 2001. Denodd ei nofel gyntaf gryn dipyn o sylw, yn enwedig yng Nghymru. Roedd rhai'n ei chael yn anodd dygymod â'i arddull lafar, amrwd, tra bod eraill yn ei chroesawu fel nofel oedd yn torri ar rigol y nofel Eingl-Gymreig.

Ers i mi ei gyf-weld, cyhoeddodd drydedd nofel, *Kelly and Victor* (2002), mae *Stump* yn cael ei chyhoeddi yn 2003, ac mae wrthi'n gweithio ar ei bumed nofel, *Wreckage*. Cyfieithwyd *Sheepshagger* eisoes i'r Ffrangeg (Editions de l'Olivier) a'r Groateg (VBZ), ac fe'i cyhoeddwyd hefyd yn yr Unol Daleithiau (YCJ, St. Martin's Press). Mae hefyd yn paratoi sgript ffilm o *Kelly and Victor* a *Grits* ar hyn o bryd.

Bûm yn ymweld ag o yn ei fflat ychydig i fyny'r bryn o ben draw'r prom a Chraig Lais yn Aberystwyth. Roedd yr haul yn tywynnu drwy'r ffenest, a'r lle'n orlawn o lyfrau, gyda phentwr cymhleth tri-dimensiwn o ryw gant ohonynt ynghanol y llawr – llyfrau oedd yn aros eu tro i gael eu darllen.

Mi ddoist ti yma i Aberystwyth i astudio yn do? Nid hefo dy deulu?

Do, i wneud doethuriaeth, ond mi rois i'r gorau i hwnnw ryw bum mlynedd yn ôl. Wedi dweud hynny, roedd y llinach Gymreig yn y teulu bob amser yn bwysig, ond dim ond ar ôl i mi adael wnes i sylweddoli hynny. Mae'n wir bod rhywun yn dod ar draws llawer o ragfarn yn erbyn Cymru, yn enwedig mewn llefydd fel de Lloegr, ac yn aml, mae pobl yn cymryd yn ganiataol y byddaf yn rhannu'r un rhagfarn, dim ond oherwydd fy mod wedi fy magu yn Lloegr. Tydi hynny ddim yn wir am Lerpwl oherwydd bod cymaint o gysylltiadau rhwng y ddinas a Chymru. Mae fy mrawd hefyd yn byw yn yr Wyddgrug, lle mae'n dysgu ar gyrsiau beicio mynydd yng Nghoed-y-Brenin, ond mae gweddill y teulu'n dal yn Lerpwl.

Llun Caroline Forbes

Am beth oedd dy ddoethuriaeth di?

Am ryddiaith wedi cyfnod Coleridge, gan ddefnyddio cryn dipyn o athroniaeth Ysgol Frankfurt. Ond mi ges i ddigon ar hynny. Doedd dim bywyd gen i. Bob hyn a hyn, mi fyddwn i'n rhoi'r gorau i weithio ar y ddoethuriaeth ac yn mynd i weithio ar safle adeiladu am ychydig fisoedd. Roeddent wrthi'n adeiladu estyniad y Llyfrgell Genedlaethol ar y pryd, felly mi fyddwn i'n aml yn mynd i weithio i fan'no. Mae'n ddiflas iawn trio astudio heb arian. Hefyd, mi fyddwn i'n treulio rhai misoedd yn gweithio mewn ffatri, i safio chydig o arian. I fod yn onest, mi roeddwn i'n dysgu llawer iawn mwy am ddiwylliant a hanes lleol yn fan'no ac ar y safle adeiladu na fyddwn i fyth wedi ei wneud yn y coleg. Mae Prifysgolion wedi troi'n rhyw fath o ddiwydiant cynhyrchu, heb fawr ddim sylw'n cael ei roi i ddatblygiad personol ac ysbrydol. Mae'r system i gyd yn troi o gwmpas hyfforddi ar gyfer swyddi, ac o gwmpas arian, yn eironig iawn. Mae'n sefydliad sydd wedi mynd yn gaeedig iawn, yn ddosbarth canol, ac mae unrhyw safbwynt sydd yn troi oddi wrth y ffordd ganol yn cael ei lorio mewn modd cyfrwys iawn. Felly mi adewais i hynny a threulio rhai blynyddoedd yn byw'n yr ardal hon gydag ychydig o bobl leol. Roeddwn yn treulio llawer o amser yn yfed a chymryd cyffuriau, a dyna sydd wrth wraidd *Grits*. Mi fyddwn i'n gwneud pethau i eithafion, mae'n wir, ond y broblem fwyaf oedd y diflastod wedi i effaith y cyffuriau wanhau. I geisio torri ar y diflastod hwnnw, mi ddechreuais ysgrifennu am yr hyn yr oeddwn wedi bod yn ei wneud.

Mae 90 y cant o'r hyn sy'n digwydd yn *Grits* yn wir, ac mi ddigwyddodd y rhan fwyaf o'r pethau o gwmpas yr ardal hon. Mi fyddwn yn ysgrifennu, ac yna'n mynd ar feddwad arall, dod yn ôl, diflasu eto, ac felly ysgrifennu mwy i gael gwared o'r teimlad, nes i'r ysgrifennu ddod yn bwysicach i mi na'r meddwi.

Ydi cyffuriau ac ysgrifennu yn rhannu swyddogaeth debyg, yn miniogi profiad, yn dod â lliw yn ôl i fywyd?

Ydi, mae'n wir i ddweud bod bywyd, dros dro, yn fwy cyffrous ar gyffuriau. Ond tydw i ddim yn cymryd hanner cymaint bellach, er fy mod yn hoffi yfed o dro i dro. Os ydi rhywun yn mynd i yfed gyda phocedi llawn cyffuriau, does wybod ble bydd rhywun yn deffro ddeuddeg awr yn ddiweddarach. Dw i wedi deffro i fyny yn y mynyddoedd fwy nag unwaith heb wybod sut ar y ddaear gyrhaeddais i yno, neu yn Leeds neu rywle cyffelyb. Os ŷch chi'n gwneud swydd nad ydych chi'n ei mwynhau, mae bywyd yn gallu bod yn syrffedus. Tydw i ddim yn teimlo felly nawr o gwbl, dwi'n mwynhau'r hyn dwi'n ei wneud, a dwi'n dod i gyfarfod pobl ddiddorol iawn. Dwi'n deffro'n y bore'n edrych ymlaen at weddill y diwrnod, yn hytrach nag ofni neu ddiflasu'n llwyr, sydd efallai hyd yn oed yn waeth.

Dwyt ti byth yn teimlo felly gydag ysgrifennu?

Na. Mae'n siŵr mai dyna'r gwahaniaeth rhwng ysgrifennu a chyffuriau.

Ydi gweithio ar nofel yn d'atgoffa mewn unrhyw ffordd o'r amser pan oeddet yn gwneud dy ddoethuriaeth? Rhyw fath o ofn petait yn gadael i'th ymennydd ddechrau gweithio y bydde fo'n medru dy fwyta di'n fyw; bod ofn meddwl gormod?

Mae yna elfen o ofn. Ond gyda doethuriaeth, gwaith ydi o, yn debycach i ennill dy fara menyn mewn gwirionedd, tra mae ysgrifennu nofel yn rhywbeth dwi'n gorfod ei wneud, achos fel arall mi fyddwn i'n ddychrynllyd o anhapus.

Mae'n siŵr fod yna adegau anodd yr un fath?

Ydi, mae yn anodd. Pan dwi'n ysgrifennu nofel, mi dwi'n gweithio'n galed iawn. Dwi'n siŵr y byddai fy nghariad yn cytuno fy mod yn gallu bod yn gwmni gwael ar adegau felly. Ond fyddwn i ddim eisiau i bethau fod yn wahanol. Mae'n swydd wych. Y prif beth yw dy fod yn gallu gwneud yr hyn ti isio a'i fwynhau, ac ennill dy fara menyn yr un pryd. Mae'r ffaith, er enghraifft, fy mod i'n gwybod fod rhaid i mi ysgrifennu nofel rŵan yn fy nghynhyrfu i'n lân.

Wyt ti'n teimlo pwysau gan dy gyhoeddwyr unwaith dy fod yn cael blaendal? Wyt ti'n teimlo eu bod yn rheoli o gwbl yr hyn rwyt ti'n ei ysgrifennu, ac efallai dy fywyd mewn ffordd?

Mae fy nghyhoeddwyr i'n dda iawn felly, yn enwedig fy ngolygydd. Mae o wedi rhoi llawer iawn o ryddid i mi, ond efallai fod hynny oherwydd fy mod wedi ysgrifennu tair nofel y mae o'n eu hoffi. Dwn i ddim beth fyddai'r sefyllfa petawn i'n ysgrifennu un sydd ddim yn ei blesio.

Felly mae'r berthynas olygyddol yn un agos?

Wel, tydi o ddim fel petai yna gymaint â chymaint o awgrymiadau golygyddol yn cael eu cynnig. Pan gyflwynais i fy nheipysgrif, mi gawsom air neu ddau, ac fe awgrymodd fy ngolygydd ryw dri pheth i'w newid. Mi newidiais i ddau ohonyn nhw, ond gadael y trydydd achos doeddwn i ddim yn cytuno. Doedd dim problem hefo hynny.

Felly sut wnaeth pethau gychwyn? Pan gafodd *Grits* ei derbyn, oedd gen ti asiant?

Na, fuodd gen i erioed asiant. Mi gymrodd *Grits* tua phum mlynedd i'w hysgrifennu. Roeddwn i'n gorfod defnyddio stafelloedd cyfrifiadur y Brifysgol a chyfrineiriau fy ffrindiau achos doedd gen i ddim cyfrifiadur. Felly mi wnes i ysgrifennu'r holl beth efo llaw ddwywaith, ac yna ei theipio, ond doedd dim modd gwneud mwy na rhyw ddwy awr neu dair y diwrnod o deipio ar y tro. Roedd y stafelloedd cyfrifiadur yn boeth ac yn llawn myfyrwyr swnllyd…

Ar ôl dwy neu dair pennod, mi wnes i gysylltu â'r cyhoeddwr Jonathan Cape i gychwyn, ac mi ges i lythyr yn ôl yn y diwedd yn dweud eu bod yn hoffi'r darn, yn ei weld yn bwerus, ac yn awgrymu fy mod yn anfon at gyhoeddwr arall. Mi wnes i hynny ond yn ei ôl y daeth y deunydd eto, er bod y llythyrau bob amser yn glên.

Pam wnest ti ddyfalbarhau gyda Jonathan Cape?

Dwi'n hoff iawn o restr Jonathan Cape. Nhw yw un o'r cyhoeddwyr mwyaf arbrofol a beiddgar, ac mi wnaethon nhw gefnogi awduron o'r Alban gryn dipyn – Alison Kennedy, James Kelman, Irvine Welsh.

Felly doeddet ti ddim yn adnabod neb yno?

Wel, ddim yn hollol. Roeddwn i allan yn y dref un noson, fan hyn yn Aberystwyth, yn Rummers ger yr harbwr, ac mi ddes i ar draws boi oedd yn arfer byw yn Eglwys Fach, oedd wedi symud i Lundain ac oedd wedi dod yn ôl ar ei wyliau gyda ffrindiau. Roedd yn adnabod y darllenydd yn Jonathan Cape. Mi wnes i sôn wrtho fy mod i eisoes wedi bod mewn cysylltiad efo nhw a'u bod wedi anfon fy ngwaith i'n ôl. Mi wnaeth o argymell fy mod i'n rhoi cynnig arni eto ac y bydde fe'n sôn amdana i wrth y darllenydd er mwyn gwneud yn siŵr fod y llawysgrif yn cael ei darllen yn iawn. Felly mi anfonais y peth eto, a'r peth nesa mi ges i lythyr gan y person sydd bellach yn olygydd arna i yn dweud y byddai'n hoffi darllen mwy. Felly mi anfonais y gweddill. Mi ges i rywfaint o lwc, mae'n wir, ond mi roeddwn i wedi bod yn trio cyhoeddi ers pymtheng mlynedd! Mae'n dangos os yw rhywun yn gweiddi'n ddigon uchel ac am ddigon o amser, mi wnaiff rhywun yn y diwedd wrando.

... os wyt ti'n dal y person cywir ar yr amser cywir.
Mi ddaw lwc rywsut os yw rhywun yn trio'n ddigon caled; mi wnaiff pethau symud yn y diwedd, dwi'n meddwl.

Ond mae'n rhaid bod y stwff yn dda!
Wel, mae cymaint o'r deunydd sy'n cael ei gyhoeddi nawr mor wael – naill ai'n dda neu'n ffitio'r mowld a'r patrwm cywir 'te.

Y brif ffurf y dyddiau hyn yw dynion yn cyrraedd eu deg ar hugain ac yn poeni pryd maen nhw am brodi. Mae nofelau 'cyffes' mor boblogaidd, ac yn dyst, os ti'n gofyn i fi, i'r traddodiad Prydeinig o fod â thrwyn ym musnes rhywun arall, o sbecian tu ôl i lenni. Mae pobl yn cydymffurfio â hynny ac mi wnaiff barddoniaeth hefyd. Pam y byddai unrhyw un am ysgrifennu am y peth, dwn i ddim.

Tydi'r grŵp yna o awduron ifanc fuodd yn y cyfryngau yn ddiweddar, ac a ddaeth at ei gilydd i ysgrifennu'r maniffesto sy'n sail i'r gyfrol o straeon ganddynt, *Hail the New Puritans,* ddim fawr gwell – mae'r maniffestos yma'n nonsens. Does dim un o'r awduron hyn yn cydymffurfio

hefo'u maniffesto'u hunain, hyd yn oed – tydi'r straeon yn y llyfr ddim, beth bynnag. Mae'n fath o ysgrifennu sydd yn haeru bod yn gyfoes iawn, yn trafod yr hyn sy'n digwydd nawr, ond eu ffordd nhw o geisio creu hynny yw trwy fwy neu lai gael gwared o unrhyw dechnegau ysgrifennu sydd yn rhan hanfodol o'r rhith sy'n creu'r effaith o realiti – fflash-bacs ac ati. Mae hyn yn anorfod yn creu math o ysgrifennu sydd yn hynod afreal. Mae maniffesto o'r fath hefyd yn negyddu cymaint o waith awduron gwirioneddol wych, er enghraifft, Don De Lillo, Cormac McCarthy...

Dwi'n cytuno, mae o'n faniffesto rhyfedd ar gyfer pobol sy'n ymwneud â ffuglen.
... yn enwedig nawr pan mai un o gryfderau ysgrifennu creadigol cyfoes yw'r amrywiaeth a'i natur eclectig. Mae'r syniad o geisio ei orfodi i gydymffurfio â deg o reolau jyst yn dwp.

Beth wyt ti'n meddwl wnaeth eu hysgogi nhw? Ai rhywbeth i'r cyfryngau oedd y syniad o ddod at ei gilydd a chreu maniffesto? Wyt ti wedi darllen gwaith y golygydd, Matt Thorne?
Na, dim ond straeon byrion ganddo fo, a doeddwn i ddim yn meddwl llawer o'r rheini, hefyd rhai o'i adolygiadau o, sydd, fel arfer, am waith un o'r bobol sy'n cael eu cynnwys yn ei gasgliadau o, ac felly, mae o'n naturiol yn eu canmol. Dwi'n nabod un ohonyn nhw, Zadie Smith, awdur *White Teeth* – roedd hi'n mynd allan efo Matt Thorne, doedd? Mae hi'n berson diddorol a hyfryd iawn. Mae ei llyfrau hi'n dda hefyd, er eu bod wedi cael eu gorliwio yn y cyfryngau. Wrth gwrs, mi gafodd *White Teeth* lawer iawn o sylw, dros y top braidd, ac felly mi fydd popeth mae hi'n ei sgwennu o

hyn allan yn cael ei orliwio ac yn dwyn gorymateb y naill ffordd neu'r llall. Prif fyrdwn ei gwaith hi yw ein bod yn byw mewn cymdeithas aml-ddiwylliannol, ond er mwyn dyn, tydi o ddim fel petaen ni ddim yn gwybod hynny!

Mae'n siŵr ei fod o â llawer i'w wneud â'r hyn mae cyhoeddwyr yn meddwl mae pobl am ei ddarllen ar hyn o bryd...
Mae hi'n siwtio'r cyfryngau i'r dim hefyd – yn ifanc, wedi bod yn Rhydychen neu Gaergrawnt, yn ddel ac ati.

Beth am y syniad cyfarwydd yna mai pwrpas ysgrifennu yw mynegi teimladau? Onid trawsnewid rhywbeth yn gelfyddyd yw'r pwynt; hynny ydi, onid yr hyn sy'n cael ei greu o'r teimladau hynny yn hytrach na'r teimladau eu hunain sydd o bwys, yr hyn sy'n gwahaniaethu bywyd a ffuglen?
Dwi'n cytuno yn yr ystyr mai'r peth pwysicaf am ysgrifennu yn fy marn i yw chwarae gyda strwythur nofelau; gydag iaith. Dwi'n hoff o chwarae gyda rhediad amser hefyd. Mae yna agwedd wleidyddol i hynny, wrth gwrs. Y tueddiad yw safoni a normaleiddio pethau, ac mae'n gas gen i hynny.

Mae hynny'n cael ei wneud yn dda iawn yn dy ail nofel, *Sheepshagger*.
Mi fyddai fy nain yn aml yn dweud os wnaiff rhywun wrando ar bobol sydd wedi marw y gwnân nhw siarad â chi. Mi roeddwn i bob amser yn cael fy nghyfareddu gan y syniad yna. Dwi'n credu mai dyna pam, yn rhannol, fy mod i'n chwarae gyda strwythur. Er enghraifft, yn *Sheepshagger*, mae'r presennol yn digwydd ar ffurf sgwrs, tra bod y gweddill yn digwydd fel cyfres o fflash-bacs; mae hynny'n rhoi'r argraff bod rhai o'r cymeriadau sydd eisoes wedi marw yn dal i siarad efo rhywun. Dwi'n hoff o gymysgu cronoleg fel hyn.

Mae hefyd yn anodd dod o hyd i ffordd o wneud i'r naratif person cyntaf weithio drwy gydol nofel gyfan, heb i hynny fynd yn undonog.
Mae modd gwneud, ond tydi o ddim yn rhywbeth dwi'n anelu at ei wneud, ond yn hytrach, rhywbeth sy'n dueddol o ddigwydd yn naturiol.

Ym mha ffordd?
Wel, mae cynllun y nofel yn dod i mi fel cyfanwaith fel arfer. Mae gen i syniad go-lew sut strwythur fydd iddi; tydw i ddim yn chwarae gydag amser mewn modd amlwg – dyna'r ffordd mae'n dod i mi yn fy nychymyg.

Dwyt ti ddim yn arbrofi gyda gwahanol gynlluniau ar bapur?
Na, ddim mewn gwirionedd. Mae'r strwythur yn dod i mi fwy neu lai fel cyfanwaith. Tydw i ddim wedi ysgrifennu cynllun ar gyfer fy nofel nesaf eto, ond mi dwi'n gwybod yn barod sut strwythur fydd iddi.

Felly nid mater o fod isio ysgrifennu am fath arbennig o gymeriad ydi o? Er enghraifft, mi allai rhywun feddwl i'r syniad ar gyfer y nofel, *Sheepshagger*, ddod oherwydd dy fod isio ysgrifennu rhywbeth am gymeriad sydd yn cael ei ormesu, dy fod am astudio'r hyn sydd wrth wraidd trais. Felly mi rwyt ti'n cael syniad o strwythur yr holl beth yn hytrach na chymeriadau arbennig?

Ydw, dwi'n meddwl dy fod ti'n iawn. Tydw i ddim yn meddwl rhyw lawer am gymeriadau tan dwi'n dechrau ysgrifennu. Tydw i ddim yn rhyw siŵr iawn sut gymeriadau ydyn nhw tan maen nhw'n dechrau siarad. Roedd hyn yn anodd gyda *Sheepshagger* gan fod Ianto prin yn agor ei geg.

Sut wnaeth *Sheepshagger* ddechrau? Beth oedd y cymhelliad?

Wel, i fod yn onest, nofel arall oedd y cymhelliad, un gan Cormac McCarthy. Roeddwn yn cerdded yn y bryniau uwchben Aberdyfi ac mae yna ddelwedd ganddo yn *The Child of God* ble mae'r dyn yma'n gweld delwedd hunllefus bwerus iawn. Mi wnes i ddechrau trawsblannu hynny i gyddestun Cymreig, a'i osod o fewn meddylfryd Cymreig. Felly ddechreuodd pethau.

Mae Ianto, wrth gwrs, yn ymddangos yn *Grits*, ac roeddwn i'n gwybod mai *Sheepshagger* fyddai'r nofel nesaf pan oeddwn i hanner ffordd drwy ysgrifennu *Grits*.

A dweud y gwir, mae fy nofelau i gyd yn cael eu cynllunio dipyn o flaen llaw – mae gen i gynllun ar gyfer pedair neu bump arall yn fy mhen. Mi fydd y nesaf wedi ei gosod yn Aberystwyth a'r teitl fydd *Stump* – mae yna sôn am y cymeriad yn *Kelly and Victor*. Mi gollodd ei fraich oherwydd gangrin tra oedd o'n byw yn Lerpwl, ac mae yna

bobol wallgo ar ei ôl o, felly mae o'n dod i Aberystwyth. Ond mi fydd yna ddiwedd hapus i hon.

Ai dyma'r un fyddi di'n gweithio arni nesaf?

Ie, wedyn ar ôl hynny, mi fydd yna nofel sy'n datblygu o gwmpas un o'r cymeriadau ymylol yn *Stump*. Ac wedi hynny, mi fydd yna un arall am Danny, o *Sheepshagger*, yn datblygu o'i rôl o ym marwolaeth Ianto. Mae o'n penderfynu codi ei bac a dechrau teithio o gwmpas Cymru – dyna fydd y drydedd ran i'r gyfres o nofelau sydd wedi eu gosod yng Nghymru, ar ôl *Sheepshagger* a *Stump*. Ond ar hyn o bryd, mi dwi wrthi'n casglu straeon lleol am bethau rhyfedd sydd wedi digwydd yng Nghymru.

Fel y stori yna am gath fawr Pontrhydfendigaid?

Neu Emyr Ddrwg. Glywaist ti ei hanes o? Mae o newydd farw. Mi roedd o'n ficer yn Nhywyn ac mi oedd ganddo gasgliad o gyrff marw wedi eu torri'n ddarnau.

Felly nofel rhif chwech fydd yr un am Danny?

Ie, a'r hyn ddigwyddith yn y pen draw, dwi'n meddwl, yw y bydd y cymeriadau yn y stori sydd wedi ei gosod yn Lerpwl yn cyfarfod y cymeriadau yn y stori sydd wedi ei gosod yng Nghymru.

Mae *Kelly and Victor* wedi ei lleoli yn Lerpwl yn tydi?

Ydi, er bod yna rywfaint o dudalennau lle mae'r cymeriadau'n dod am wyliau i Aberystwyth.

Oes yna gysylltiad gyda *Grits* a *Sheepshagger*?

Oes, er enghraifft pan maen nhw'n dod ar draws Liam, y cymeriad o *Grits*.

Dwi'n hoff o gysylltiadau rhwng nofelau.

Mae fel petai gan y cymeriadau fywyd ohonynt eu hunain y tu allan i'r nofelau yn tydi?

Mae'n siŵr ei bod yn anodd cadw hyn i gyd yn dy ben?

Ydi, ar ryw ystyr. Dwi'n rhoi popeth ar bapur fel nad ydw i'n anghofio.

Wyt ti'n cael dy hun yn anghofio pethau gryn dipyn?

Ydw. Rhwng ysgrifennu'r nofel a'i chyhoeddi, mae'n rhaid darllen y peth tua saith neu wyth o weithiau – golygu copi ac ati, felly mae rhywun yn dod i adnabod y cymeriadau'n dda iawn. A dweud y gwir, mae'n gallu bod yn ddiflas. Ar y llaw arall, dwi'n ddigon hoff o'r broses, achos tra fydda i'n golygu copi un nofel, gan amlaf, dwi wrthi ar yr un pryd yn ysgrifennu nofel arall, ac erbyn hynny mi fydda i'n gwybod beth fydd cymeriad mewn nofel gynharach wedi ei wneud ymhellach ymlaen, tu hwnt i ben draw'r nofel gyntaf – rhywbeth na fyddwn i'n ei wybod wrth ysgrifennu'r nofel yn y lle cyntaf.

Ar wahân i stopio dy fywyd rhag troi'n negatifs du a gwyn, beth yw pwrpas ysgrifennu?

Heb swnio'n rhy ffuantus, dwi'n credu mai pwrpas ysgrifennu yw gwneud ple dros oddefgarwch o wendidau dyn. Dyna bwrpas ysgrifennu nofel – dangos bod pob math o fywyd yn bwysig, dim ots pa mor ddryslyd. Mae yna resymau da dros y dryswch hwnnw'n aml. Dwi wedi cael hen ddigon ar ddiffyg goddefgarwch, ar dwpdra pobol a'r modd mae pobol yn gallu bod mor ddall. Dyna mewn gwirionedd pam dwi'n ysgrifennu: i greu awyrgylch o oddefgarwch a maddeuant a dealltwriaeth o wendidau pobol. A hefyd achos fy mod i ddim isio gwneud swydd go-iawn!

Dwyt ti ddim yn teimlo dy fod, drwy ysgrifennu, yn dod wyneb yn wyneb â thi dy hun yn ormodol – rhywbeth efallai mae modd ei lastwreiddio mewn swydd fwy confensiynol, llai hunanganolog?

Mi fedra i orffen gweithio am dri y pnawn a mynd am dro i Borth ar hyd y llwybr sy'n dilyn yr arfordir. Mae hynny'n ffordd dda o glirio meddwl rhywun ac yn help i ffocysu'n iawn ar dudalen wag. Mi roedd *Sheepshagger* rywfaint yn wahanol gan fod cymaint o'r nofel honno'n ymwneud â byd natur, ac roedd hynny'n golygu fy mod yn gwneud cryn dipyn o gerdded gyda sbienddrych a thamaid o bapur hefo fy nodiadau, felly roeddwn i'n cael y teimlad fod y byd y tu allan yn treiddio i mewn i mi fwy. Dwi bob amser wedi bod â diddordeb ym myd natur, mewn adar ysglyfaethus ac ati.

Beth am greigiau a daeareg, er enghraifft, yn *Grits*?

Mae yna bwrpas thematig i hynny yn *Grits*, yn yr ystyr o geisio ailfeddwl y meddylfryd hwnnw oedd yn bodoli cyn yr Oleuedigaeth ein bod yn bownd o gael ein gwahanu oddi wrth natur. Mae yna agwedd gyffredinol am wledydd Celtaidd eu bod yn llefydd sydd yn meddu ar harmoni naturiol, lle mae pobol yn byw mewn perthynas glòs â natur. Ac mae pob dim yn neis-neis, a phawb yn bwyta cawl. Fedra i ddim stumogi'r agwedd yna, a'r modd mae'n lleihau gwledydd i ryw fath o gyflwr breuddwydiol. Mae byd natur yn *Sheepshagger* yn llawn gwaed, budreddi a marwolaeth. Mae hynny'n bwynt gwleidyddol hefyd, does ond rhaid meddwl am Wordsworth a Matthew Arnold ac ati... mi wnaeth R S Thomas job dda o wrthod hynny, ac fe ysgrifennodd ysgrif wych o'r enw *'Outings'*, dwi'n credu, lle mae e'n disgrifio pobol yn byw mewn rhyw fath o hofel o dan bistyll, pobol gyda chrafangau, yn bwyta mwsog ac ati. Dwi'n licio'r ymwrthod yna â'r syniad imperialaidd Saesneg – mae rhywun yn dod ar draws hynny gryn dipyn mewn llenyddiaeth Gymraeg, er enghraifft yng ngwaith Mihangel Morgan, o'r hyn dwi wedi ei glywed a'i ddarllen amdano. Dwi hefyd yn hoffi Seamus Heaney a Kenneth White; dwi'n hoff o'u byd natur nhw, ac mae yna agenda wleidyddol i'r peth.

Oni allai hynny fod yn ddim mwy nag ochr arall y geiniog: os nad yw'r diwylliant yn ysbrydol, mae'n rhaid ei fod yn wyllt a garw?

Efallai, ond dyna'r ochr nad ydi pobl yn hoff o'i ystyried. Dyna'r Arall yn *Sheepshagger*, yr Arall y mae'n rhaid ei ddinistrio, nad oes fyth modd cyd-fyw ag o. Ond wrth gwrs, wnaiff o byth ddiflannu; dim ond tyfu a thyfu'n fwy tywyll, gan ymgorffori rhywbeth yn debyg i'r hunllef gomiwnyddol.

Ydi o'n mynd ar dy nerfau di pan mae pobol yn trafod dy nofelau fel petaent yn eu hadnabod yn dda ac yn gwybod y cyfan amdanynt; pan mae nhw'n darllen, er enghraifft, am Ianto, eu bod yn teimlo fel hyn neu fel arall a'u bod yn cymryd eu teimladau a'u barn o ddifrif, heb boeni a ydynt yn ddilys ai peidio?

Na, dwi ddim yn teimlo hynny o gwbl; mi fyddwn i'n falch o'u gweld yn rhan o fywydau pobol.

Mae awduron yn ysgrifennu am drais yn gynyddol, a hynny'n aml oherwydd fod ein bywydau wedi eu trwytho ynddo gymaint – wyt ti'n teimlo bod yr ysgrifennu hwnnw'n adlewyrchu'r modd rŷn ni wedi colli deall ar ba mor erchyll yw trais?

Trais amrwd yw'r trais y mae Ianto yn ei gyflawni, nid trais baróc fel mae rhywun yn ei gael mewn nofel gan Thomas Harris. Mae trais corfforol yn beth dychrynllyd, yn ganlyniad diffyg parch llwyr at berson. Ond ti'n iawn: dyna un peth roeddwn i'n ceisio ei drafod yn y nofel, a hefyd yn *Grits*. Tydi hynny ddim yn golygu, cofia, na fyddwn i'n amddiffyn fy hun ac yn taro'n ôl petai rhywun yn ymosod arnaf. Dwi'n aml yn mynd i dop y dre fan hyn yn Aberystwyth ac yn gweld ymladd dychrynllyd. Mae'n drist. Mae yna filoedd o bobol yma ar nos Sadwrn, yn dod mewn bysiau, ac maen nhw'n aml iawn yn dechrau ymladd erbyn diwedd y noson.

Sut weithiodd pethau gyda'th gyhoeddwr? Mi wnaethon nhw hoffi *Grits* a'i derbyn i'w chyhoeddi. Pa mor hir gymerodd yr holl broses?

Mi gymerodd yr holl beth gryn dipyn o amser – deunaw mis rhwng derbyn a chyhoeddi. Mi orffennais ysgrifennu *Grits* yn 1998 neu 1999, a chafodd y nofel mo'i chyhoeddi tan 2000. Mi gafodd ei derbyn ar gyfer ei chyhoeddi ddwy flynedd yn gynharach, yn 1998. Ond dim ond naw mis gymrais i i ysgrifennu *Sheepshagger*, ac mi wnes i wneud y rhan fwyaf o'r gwaith yn Toxteth.

Roeddet yn byw yno?

Roedd fy nghariad yn byw yno, felly roeddwn i'n rhannu f'amser rhwng fan'no ac Aberystwyth. Ond, yn y pen draw, mi fu'n rhaid i ni roi'r gorau i'r lle gan ei bod hi'n rhy ddrud cadw'r ddau le i fynd, sy'n biti achos mi roeddwn i'n hoffi symud rhwng dinas fawr ac Aberystwyth. O leiaf mae teulu'n dal ganddom yno.

Beth am berthnasau'n ymyrryd?

Does dim gormod o hynny, na.

Dim straen ar berthynas oherwydd yr hyn rwyt ti'n ysgrifennu?

Na, dim o gwbl.

Ti'm yn teimlo eu bod yn ceisio dylanwadu ar yr hyn rwyt ti'n ei ysgrifennu? Beth am d'olygydd di?

Wel, cynnig syniadau y mae o'n fwy na dim. Mae'n rhan o'r grefft o fod yn olygydd, fel rheolwr tîm pêl-droed, mae cynnig syniadau bob amser yn well na mynnu pethau. Ac mae ei syniadau o fel arfer yn dda iawn. Os dwi'n anghytuno, dwi'n dweud wrtho fo.

Felly, tydi o ddim yn ceisio dylanwadu ar nofelau sydd ddim eto wedi eu hysgrifennu?

Na, ddim felly.

Beth am gyd-awduron? Beth am Iain Sinclair? Dwi'n gweld rhywfaint o debygrwydd rhyngddoch.

Tydw i ddim wedi darllen ei nofel ddiweddaraf, *Landor's Tower* eto. Dwi'n ffeindio rhai o'i nofelau o braidd yn ofergoelus, yn ddiniwed, fel petai o'n cael ei gymryd i mewn gan yr holl theorïau *new age* yma. Ond roeddwn i'n meddwl fod ei nofelau cyntaf o'n wych. Rydw i'n arbennig o hoff o *Whitechapel*, a'i farddoniaeth o hefyd, a'r nofel yna wnaeth o ei hysgrifennu am y Dôm.

Rydych ill dau yn defnyddio iaith bwerus iawn – mae rhywun yn cael y teimlad wrth eich darllen bod rhywbeth yn digwydd i sylfeini iaith, fel petai iaith yn eich dwylo'n anifail byw.

Ydi, mae'n wir i ddweud fod Iain Sinclair yn sigo gwreiddiau iaith. Mae hynny'n rhywbeth dwi'n ceisio ei efelychu – hynny sy'n gwneud yr holl sgwennu yma yn werth-chweil, a hefyd edrych mewn dyfnder ar gymeriadau pobol. O safbwynt y strwythur, mae'n rhaid i'r darllenydd ffeindio ei ffordd ei hun. Yn y penodau sgyrsiol yn *Sheep-shagger*, mae'r cymeriadau'n aml yn cael eu ffeithiau'n anghywir, yna mae'r penodau *flashback* yn dangos ymhle a sut y gwnaethant ddrysu. Mae'n rhaid rhoi lle i'r darllenydd ddod â rhywfaint ohono'i hun, o'i feddyliau a'i ddeisyfiadau ei hun i'r darllen. Mae hynny'n rhan annatod o bob nofel neu ddarn o lenyddiaeth werth-chweil, er nad oes llawer o hynny o gwmpas y dyddiau hyn.

Cyfrolau gan Niall Griffiths:

Grits, 2000
Sheepshagger, 2001
Kelly and Victor, 2002
Stump, 2003

owen martell

Yn ohebydd chwaraeon i'r BBC pan fûm yn ei gyfweld, roedd Owen Martell ar fin cychwyn ar gyfnod o chwe mis ar ysgoloriaeth ysgrifennu Cyngor y Celfyddydau. Enillodd ei nofel gyntaf, *Cadw Dy Ffydd, Brawd*, wobr Llyfr y Flwyddyn, Cyngor Celfyddydau Cymru, yn 2001, yn ogystal â chystadleuaeth Nofel 2000, Gwasg Gomer.

Bûm yn cyf-weld ag ef yn ei dŷ ar y pryd yn y Rhath, Caerdydd, ar noson desog o haf. Roeddem yn sgwrsio yn y stafell fyw, gyda'r ffenestr yn agored, tra âi cyfresi o sgidiau sodlau uchel heibio tu allan, yn pwnio'r palmant. Roedd y stafell ei hun yn hafaidd heb gymorth yr haul – yn las a melyn am yn ail.

Ar y bwrdd, roedd y llyfrau hyd yn oed yn las, tebyg i *The New York Trilogy*, Paul Auster. Ac yn disgleirio'n wyn yn eu canol, *The Oxford Book of Work...*

Sut wnest ti ddechrau ysgrifennu, sut wnest ti ddechrau cymryd y peth o ddifrif?

Wel, dyna'r peth, dydw i ddim mewn gwirionedd wedi cymryd y peth o ddifrif petawn i'n bod yn onest. Ers dechrau ysgrifennu'r nofel gyntaf yna yn y flwyddyn olaf yn y coleg, doeddwn i erioed wedi meddwl amdano fe fel ysgrifennu. O'n i jyst yn anelu at roi rhywbeth i mewn ar ddiwedd y cwrs. Dyna'r gôl o'n i'n gweithio tuag ati; felly, mewn ffordd, doeddwn i heb ddechrau meddwl am y peth fel llenyddiaeth, fel baich llenyddol fel petai.

Ond doeddet ti ddim yn meddwl, neu'n breuddwydio, am gyhoeddi a'r posibiliadau hynny pan oeddet ti wrthi'n ysgrifennu?

Mae'n siŵr fy mod i wedi meddwl a dychmygu'r peth, ond nid dyna'r rheswm o'n i'n ysgrifennu, hynny yw, y bydde fe'n edrych yn dda mewn print. Mewn ffordd, roedd e'n gyfnod rhyfedd, a doeddwn i ddim yn meddwl am ddim

llun Owain Gillard

106

byd y tu allan i beth roeddwn i'n ei wneud… mor syml â hynny.

Tra oeddet ti'n y coleg felly, a chyn i ti ddechrau ysgrifennu ar gyfer y cwrs creadigol, oeddet ti wedi meddwl amdanot dy hun fel rhywun oedd yn mynd i ysgrifennu, yn mynd i dreulio rhywfaint o'th fywyd yn gwneud hynny?

Oeddwn; ie, mae hynna'n ddisgrifad digon teg. Roeddwn i wedi dychmygu fy hunan yn sgrifennwr o ryw fath. Fel rhyw fath o ddelfryd. Ond yn yr ysgol, ro'n i wastad yn eitha diog, ac er fy mod i'n meddwl y bydde 'na bwynt yn dod pan fydden i'n awdur, doeddwn i byth yn gallu dychmygu y bydden i'n gallu sgrifennu unrhyw beth. Achos yn yr ysgol, yn y chweched dosbarth, roedd llawer yn cynhyrchu llwyth o bethau ar gyfer ffolios Lefel A, ond wnes i ddim ond crafu at ei gilydd yr hyn roedd ei angen. Doedd hi ddim yn fater o sgrifennu naw stori a dewis yr un orau. Sgwennes i stori a dyna'r un aeth i fewn. Yr un peth gyda barddoniaeth: o'n i wedi bod yn potsian gyda barddoniaeth ers yr ysgol gynradd. Ond wnes i ddim sgrifennu lot o gerddi ar ôl deuddeg oed.

Rwyt ti'n gwneud i'r peth swnio fel pe na bai gen ti gymhelliad cryf.

Dw i ddim yn gwybod. Mae'n anodd sôn am gymhelliad. Fel arfer, mae cymhelliad yn gysylltiedig â phrofiadau a bod pobl yn sgrifennu am bethau er mwyn cael rhyw fath o gatharsis. Nid dyna'r achos gyda fi o gwbl. Er, wrth gwrs, bod yna lot o ddeunydd crai yn y teulu ac ym mhrofiadau'r bobl rwyf wedi dod ar eu traws. Er enghraifft, tasen i heb ysgrifennu'r stori yna yn y nofel, fydden i heb golli cwsg

dros beidio â'i dweud hi. Doedd hi ddim yn un o'r straeon yna sy'n gofyn am gael eu hysgrifennu.

Ond efallai bod cymhelliad yn gallu bod yn rhywbeth ehangach na hynny, nid cymhelliad i ddweud rhywbeth arbennig, ond cymhelliad i ddweud unrhyw beth sy'n denu sylw a chanmoliaeth?

Ie, pan wy'n meddwl am beth o'n i'n ei wneud, ti'n iawn – mi rwyt ti dan bwysau i ffeindio rhyw fath o lais cyn bo ti'n gallu cael cyfle i ddysgu sut i siarad. Ddim fy mod i'n credu bod hynna'n broblem. Ti'n dweud be ti'n ei ddweud. Os wyt ti'n ei ddweud e mewn ffordd ddiddorol, ddifyr, dyna sy'n bwysig, yn hytrach na'r hyn ti'n ei ddweud. Rwy'n ei chael hi'n anodd meddwl am syniad Kate Roberts o 'sgrifennu rhag mygu' fel cymhelliad i gynhyrchu gwaith. Hynny yw, fe alla i ddeall y cymhelliad hwnnw, ac rwy i, fel pawb arall, wedi darllen pethe ysgytwol gan bobl yn sgrifennu am eu bywydau'u hunain, ond dw i ddim yn credu bod profiad personol yn hanfodol ar gyfer ysgrifennu. Ac o ran therapi personol, rwy'n siŵr bod yna ffyrdd eraill o beidio mygu. Hynny yw, dyw e ddim yn wir amdana i – dw i ddim yn sgrifennu rhag mygu. Falle bod angen gwahaniaethu rhwng 'ysgrifennu fel therapi' ac 'ysgrifennu/darllen-er-mwyn-deall'. Yr 'ysgrifennu-er-mwyn-deall' sy'n bwysig i fi.

Ond efallai bod hynny oherwydd dy fod yn ymddiddori mewn llawer o bethau gwahanol?

Dydw i ddim yn gwybod, achos wedi dweud hynna, y pethau rwy'n dod yn ôl atyn nhw o hyd yw llyfrau a llenyddiaeth; rwy'n gwybod bod i lenyddiaeth le canolog yn fy mywyd i. Hefyd alla i ddim meddwl am ddim byd mwy diflas nag awdur yn meddwl beth mae e moyn ei ddweud ac yna'n mynd allan i'w ddweud e. Bydde fe mor ddiflas â darlith… achos yn aml iawn, mae gan awduron safbwyntiau yr un mor ddifeddwl, a'u barn nhw yr un mor ddiflas a di-fflach â barn unrhyw un arall. Er enghraifft, petaswn i wedi cael cwpl o ddiodydd yn y dafarn, bydden i yr un mor ystrydebol â pherson arall sydd wedi meddwl am godi beiro a sgrifennu erioed. Rwy'n credu'n bod ni'n rhoi gormod o sylw i farn awdur am y byd. Achos gwerth llenyddiaeth yw'r hyn sy'n digwydd pan fo meddwl awdur yn dod wyneb yn wyneb â meddwl darllenydd. Dyna pryd ti'n cael y sbarc, dyna pryd ti'n gallu troi beth mae e wedi sgrifennu yn fath o athrawiaeth – ddim fy mod i'n hoffi'r gair yna chwaith.

Hynny ydi, ffurf yw'r peth canolog? Nid ffurf yn yr ystyr gelfyddydol draddodiadol, ond ffurf fel y broses o droi rhywbeth, o greu celfyddyd o rywbeth, o ffurfio rhywbeth, er enghraifft yn naratif.

Mae'n rhaid i ti gael rhywbeth. Wrth gwrs, mae yna wahaniaeth yn ansawdd y deunydd ti'n ei gael i weithio arno fe, dwi'n siŵr.

Beth am ego? Beth yw'r berthynas rhwng ego ac awdur?

Dibynnu pwy yw'r awdur!

Ydi dy berthynas di â dy ego di dy hun yn broblem i ti? Ydi o'n rhywbeth sy'n peri loes i ti?

Ar hyn o bryd, na, . Mae fy ego i islaw lle rydw i; rwy'n teimlo'n lletchwith iawn lot o'r amser yn siarad am fy llyfr, ac yn siarad amdana i fel awdur, fel rhywun sy'n creu.

Cymru sy'n ysu i gael awduron da!

Awduron ifanc, achos dyw'r awduron ifanc sydd wedi bod o gwmpas yn ystod y deng mlynedd diwethaf…

… dŷn nhw ddim yn ifanc.

Ie. Rwy wedi teimlo'n lletchwith iawn eitha tipyn o weithiau nawr ers i'r llyfr ddod allan. Fallai bod hynna achos fy mod i'n edrych arno fe gyda llygaid hŷn na beth oedd gen i pan oeddwn i'n ysgrifennu'r nofel – sy'n broses ddigon naturiol, rwy'n siŵr. Ond yn aml mae pobl yn dweud pethau neis, a hefyd, mae gen ti'r gwobrau: rwy'n cael gwobrau'n bethau anodd i'w derbyn. Hynny yw, rwy'n cael y syniad bod rhywun yn dweud bod fy nofel i'n well na llyfrau eraill yn beth rhyfedd iawn.

Maen nhw'n bethau defnyddiol ar y llaw arall.

Ydyn. Nid gwerth llenyddol cymaint â gwerth o safbwynt marchnata sydd iddyn nhw. Cael rhywbeth ar y newyddion. Dyna beth sy'n fy synnu i: ar ôl i mi ennill yn y Gelli, ar ôl cael clip ar y newyddion, ar *Wales Today*, cymaint mwy o bobl sy'n dod lan ata i a dweud llongyfarchiadau, da iawn. Ond mater arall yw i bob un o'r bobl hynny fynd ati i ddarllen y llyfr.

Mae hysbysrwydd mae gwobrau'n ei greu yn beth da, nid dim ond ar gyfer yr awdur, ond ar gyfer y llenyddiaeth ei hun…

Ydi, neu fe ddylai fod. Ond yn rhy aml o lawer, does 'na ddim diddordeb mewn trafod yn y cyfweliadau yma. Mater o esbonio yw e: wel, ro'n i ar y trên i lle bynnag pan ddaeth y syniad, neu bethe fel 'na. Ma' lot o bobl yn gofyn lot o gwestiynau diflas. 'Ydi'r nofel yn seiliedig ar brofiad personol?' – dyna un o'r cwestiynau mwya diflas! Felly, o ran yr hysbysrwydd yn creu gwerth a rhyw fath o ddechreuadau cyd-destun beirniadol ar gyfer y llenyddiaeth, wel, fe all hynny ddigwydd, ond dw i ddim yn siŵr ei fod bob amser.

Ond y syniad yma o ego – mae'r ffaith bod rhywun yn sgwennu rhywbeth, mae o bron *de facto*'n golygu eich bod chi'n sgwennu efo'r bwriad bod rhywun yn mynd i'w ddarllen o – mae'n weithred sylfaenol o gyfathrebu. Dyna yw iaith.

Falle bydd pethau'n newid rhywfaint nawr, gan fy mod i'n gwybod, beth bynnag fydda i'n sgrifennu o hyn ymlaen, bydd rhywun o leiaf yn bendant yn ei ddarllen e. Gyda'r nofel gyntaf, doeddwn i ddim yn gwybod y bydde 'na fwy na thri thiwtor yn mynd i fod yn darllen fy ngwaith i. Pan oeddwn i'n sgrifennu *Cadw Dy Ffydd, Brawd*, o'n i'n dangos e'n eitha rheolaidd i Huw Meirion Edwards, er enghraifft, ond tu hwnt i hynny...

Dy diwtor Ysgrifennu Creadigol yn Aberystwyth?

Ie, ac roedd e'n awgrymu rhai pethau ond, ar y cyfan, y cof sydd gen i yw teimlo'n hapus braf yn teipio, ac yn gwneud fy hunan i chwerthin yn amlach na pheidio. Felly doedd dim llawer o olygu ar y llyfr, ond 'tasen i wedi bod mewn sefyllfa lle bydde pobl wedi awgrymu bod angen, bydden i wedi bod yn fwy tebygol o roi fy nhroed i lawr, rwy'n credu, a dweud 'fi sy wedi sgrifennu fe, a fel hyn ma' fe i fod'.

Ond beth am yr ego o'r safbwynt bod ysgrifennu yn ei hun yn awgrymu dy fod ti'n cymryd y byddai rhywun efo diddordeb i ddarllen y peth yn y lle cyntaf?

Dydw i ddim yn gwybod oes rhaid i ti feddwl hyd yn oed yn ystod y cyfnod pan wyt ti'n ysgrifennu, bod gen ti gynulleidfa, a disgwyliadau. Neu o leiaf, fydden i ddim yn hoffi dweud hynny.

A dweud y gwir, ro'n i'n ymwybodol iawn pan o'n i'n sgrifennu mai fi fyddai'r person iawn i ddarllen fy ngwaith – y bydden i'n cael y jôc, ac yn chwerthin pan oeddwn i fod i wneud! Hynny yw, rwy'n credu y bydde awdur wastad yn siomedig – os dim ond ychydig bach – gyda'r 'derbyniad' o'i waith. Rŷch chi wastad eisiau i bawb 'gael' popeth yn y gwaith. Ac mae gwybod na all hynny ddigwydd yn siom sylfaenol na allwch chi fynd heibio iddi...

Felly, dwyt ti ddim yn teimlo bod yna ryw berthynas rhwng hyn a'r cymhelliad i anfarwoli dy hun. Dyw e ddim fel cyffur?

Dwi ddim yn gwybod. Mae'n siŵr fod yr ysgrifennu'n llifo'n haws wedi dechrau – efallai bod hynny'n ei wneud e rywfaint yn debyg i gyffur. Ond dydw i ddim yn gwybod am anfarwoldeb chwaith. Bydde'n well 'da fi gael rhywbeth nawr, rwy'n credu. Creu rhywbeth nawr – mae'n rhaid taw dyna'r cymhelliad!

Oes yna ryw niwrosis tu ôl i'r peth?

Oes! Ti'n cael dy godi yn y byd, ti'n cael dy fagu i feddwl am dy hunan, am yr hunan, i gredu dy fod yn unigolyn arbennig. Pam na ddylai'r unigolyn felly wneud rhywbeth sy'n mynd i'w osod e ar wahân? Mae'r feddylfryd yna wedi cael ei phwmpio i mewn i'r unigolyn ar hyd yr adeg, ac mae pawb eisiau hynny. Felly ar un lefel ac un ystyr mater o ddewis dy fyd yw e wedyn.

Wyt ti'n meddwl dy fod ti wedi dewis y ffordd hawsa i ti?

Wel, rwy dal isie recordio albym o *standards* neu *lounge classics*... felly pan fydd hwnna mas gyda fi, mi wna i ddweud wrthot ti wedyn!

Beth am gynulleidfa felly, a'i natur? O ran y ffaith ei bod hi'n gynulleidfa fach, agos?

Sai'n gwybod. Yn fy mhrofiad i, mi wnaeth e gymryd lot fawr o amser i gael ymateb. Falle bod hynna'n rhan o natur cyhoeddi llyfrau; mae'n cymryd amser i fynd trwy'r argraffwyr ac ati, ac i ddod o'r wasg. O'n i'n cael adolygiadau flwyddyn ar ôl i'r llyfr ddod mas. Dwi'n gwybod bod y papurau mawr Saesneg hefyd yn gallu cymryd blwyddyn i adolygu llyfrau clawr papur, er enghraifft. Ond mae lot mwy o lyfrau'n cael eu cynhyrchu wrth gwrs yn Saesneg. Tra fan hyn, ni'n sôn am ddiwydiant lot llai. Ni ddim yn sôn am ddiwydiant lle ti'n gallu trafod adolygu fel proses o ddethol. Os oes gyda ni hyn a hyn o lyfrau, ni'n trio rhoi sylw i bob un. Fedrwn ni ddim fforddio bod yn gwbl feirniadol. Achos ti wastad yn meddwl 'iawn, mae hwnna wedi cyhoeddi llyfr, wel o leiaf ma' fe wedi gwneud hynny...'

Mi ges i fy synnu cyn lleied o gyffro oedd o gwmpas cyhoeddi *Cadw dy Ffydd, Brawd* achos o'n i wedi cynhyrfu digon fy hun! Nid 'mod i'n disgwyl i'r holl fyd gymryd sylw chwaith. Ond efallai mai disgwyliad personol yn erbyn y

realiti yw hwnna. Ar y llaw arall, ti'n gweld cyfnodolyn yn dod allan dri i bedwar mis wedyn ac yn rhoi dim ond pwt o adolygiad iddo fe.

Doedd e ddim yn fater syml o fod y peth yn cael ei adolygu yn hwyrach ymlaen?

Wel, mi roedd yna adegau lle allen nhw fod wedi ei adolygu fe yn y rhifyn blaenorol...

Ond roedden nhw'n adolygu yn y pen draw?

Oedden... Ond tu allan i'r cylchoedd sy'n byw a bod mewn llyfrau Cymraeg, does dim o'r diddordeb, yr ewyllys da tuag at yr holl beth. Ti'n cael datganiadau i'r wasg yn cwympo ar ddesg, ond does dim o'r awydd i wneud dim byd ag e.

Pobl sydd ddim yn siarad Cymraeg?

Ie, wi'n credu bod e'n arbennig o bwysig bod y cyfryngau Saesneg yn cymryd mwy o ddiddordeb.

I grynhoi o leiaf yr hyn sydd ar waith?

Mae'n codi yn aml yn y ddadl iaith. Mae un hanner yn dweud 'Dyw pobl yn f'etholaeth i ddim eisiau teledu Cymraeg'... dwi'n deall hynny, ond does dim unrhyw fath o ddeialog. Yr un peth gyda'r *Western Mail*, sydd i fod yn bapur i Gymru; mae mor rhwystredig darllen tudalen 'Arts Wales' y celfyddydau. Maen nhw'n fflago fe lan mewn llythrennau breision fel petai yna driniaeth eitha eang o'r celfyddydau, ond yn lle hynny, ti'n cael adolygiad o *Pearl Harbour* neu rywbeth. Yn amlwg mae angen slant Gymreig ar ddigwyddiadau diwylliannol byd-eang – mae angen i Gymru ffiltrio pethau o gwmpas y byd trwy lygaid Cymreig, ond tu ôl i hynny ti angen mwy o ymwybyddiaeth o'r hyn sy'n mynd ymlaen y tu mewn i Gymru. Mae pobl yn ddigon hapus i ddweud 'Super Furry Animals, our home-grown band' nawr eu bod nhw'n gwerthu miloedd o recordiau, ond cyn hynny, doedd neb ar wahân i bobl oedd yn gwybod â diddordeb o gwbl – oni bai am bobl oedd yn mynd i eisteddfodau, ac yn prynu recordiau Cymraeg, ac yn gwybod beth oedd yn mynd ymlaen yn y cylchoedd hynny. Dŷn nhw erioed wedi bod yn fand gwael, yn Gymraeg neu Saesneg.

Roedd John Irving yn dweud rhywbeth i'r perwyl na fyddai angen adolygwyr ar awduron mewn byd delfrydol. Hynny ydi, gwerth marchnata a thynnu sylw yn unig sydd i adolygiadau.

Mae e'n sôn yn y dyfyniad yna am fyd lle mae diwylliant adolygu yn cyd-fynd a chydredeg â'r diwylliant marchnata, bod yr adolygiadau wedi cael eu cynhyrchu cyn i'r ffilm ddod allan fel ti'n gweld ar bosteri ffilmiau. Ond fan hyn, mae fel hen beiriant yn rhygnu ymlaen.

Wyt ti'n meddwl y bydd yr adolygiadau a gei di'n dylanwadu ar y ffordd y byddi'n sgwennu dy lyfr nesaf?

Petaen nhw wedi bod yn fwy negyddol, ie, bydde fe wedi gwneud i mi fod eisiau sgrifennu'n bellach i'r un pegwn; bydde fe wedi fy ngwneud i'n fwy pengaled. Falle na fydde hynny'n wir chwaith, mai dim ond hoffi meddwl felly ydw i. Ond rwy'n gobeithio y bydde fe!

Felly nid chwilio am gyngor fyddet ti?

Na, ddim o gwbl. Na, ti'n gorfod perswadio dy hunan bod gen ti ddigon o grebwyll beirniadol dy hun, heb orfod poeni am grebwyll beirniadol pobl eraill.

Felly beth am y nofel ti ar fin dechrau arni rŵan? Wyt ti wedi dechrau?

Na, ddim mewn gwirionedd. Dwi angen rhyw fis yn gweithio mas sut i wneud y syniad yn fwy diddorol. Mae peryg i mi sgrifennu rhywbeth diflas iawn os nad ydw i'n ofalus.

Beth fydde yn ei gwneud hi'n ddiflas?

Dim byd yn digwydd.

Be, gormod o gymeriadau'n meddwl?

Ie, falle. Ond cymeriadau yn meddwl hefyd mewn ffordd arwynebol iawn. O'n i'n sgrifennu'r nofel gyntaf dros gyfnod o chwe mis, ac yn ystod y chwe mis yna mi wnes i bwynt o gofnodi llinellau, sefyllfaoedd, ambell i ddigwyddiad ac ati, ar ffurf nodiadau, a phan fydden i'n mynd i gornel, bydden i'n troi at y rheiny. Roedd gyda fi storfa o bethau – cynnyrch chwe mis o fyw a bod. Roedd y nofel yn ffrwyth y chwe mis arbennig yna, a bydd nofel arall yn ffrwyth hyn a hyn o amser pellach o fyw a bod, a'r cyfnod nesaf, ac yn y blaen. Felly allet ti sgrifennu cant o nofelau, a fydde dim un ohonyn nhw'n fwy cyflawn neu'n fwy gwir, yn fwy dilys, na'r llall. Dyna'r pwynt. Elli di sgrifennu nofelau am byth, a bydde ti dal yn edrych ar adlewyrchiadau.

Yn hytrach na miniogi un agwedd graidd ac ymbalfalu'n agosach at ei chrynswth?

Ie. O'n i'n darllen *Underworld* gan Don De Lillo yn ddiweddar – mae'n wirioneddol wych. Ond mae'n gorffen, ar ôl yr holl dudalennau yna, yn siomedig. Dyw'r diweddglo ddim fel petai'n gweddu cweit i weddill y nofel. Ond galle fe fod wedi sgrifennu wyth can tudalen arall, a byddai'r nofel yn dal i fod yn wych. Efallai mai cynnyrch yr amser rydyn ni'n byw ynddo yw hyn, lle dydyn ni ddim yn chwilio am burdeb cysyniadol i'r fath raddau. Wrth gwrs, mae'n anodd gadael y rhaniadau yna o dechneg, plot, arddull tu ôl i ti – y pethau yna ti'n cael dy ddysgu yn yr ysgol, yr hen eirfa. Fy nheimlad i hefyd, wrth feddwl am sgrifennu eto, wrth sôn am bethau fel peidio mynd at graidd nad yw'n bodoli yn y lle cyntaf, fy nheimlad i yw bod hynna'n gymorth i mi hefyd, gan ei fod yn dadfytholegu'r holl beth. Dyw e ddim yn teimlo wedyn fy mod ar drothwy rhywbeth tyngedfennol. Mae hynny'n rhyw fath o *safety net* i fi!

Felly rŵan dy fod ar fin dechrau sgwennu ail nofel, sut wyt ti'n mynd i wneud yn siŵr bod hon yn cael ei hysgrifennu? Beth yw'r amgylchiadau fyddi di'n eu sicrhau?

Rwy'n credu ei fod yn fater o wybod lle ti'n mynd cyn dechrau – fydden i ddim yn teimlo'n rhy hyderus o ddechrau heb wybod bod gen i ryw fath o syniad bras o hynt y peth, o ddiwedd dros dro, efallai.

Wyt ti'n medru sôn rhywfaint mwy am y peth?

Wel, y rheswm nad ydw i'n gwneud hynny yw nad yw'r syniad ddim yn syniad da iawn eto.

Ond fedri di sôn rhywfaint nid yn gymaint am y syniad ei hun, ond am ba fath o syniad ydi o, beth yw cyflwr y syniad… i ba raddau ti'n medru amgyffred datblygiad y peth? Beth ydi o? Ydi o jyst yn rhywbeth tebyg i dy fod wedi gweld rhywun yn cerdded i lawr y stryd un diwrnod a'i fod e'n cerdded mewn rhyw ffordd arbennig wnaeth gysylltu mwclis o syniadau a theimladau ynddot ti, a bod hynna wedi aros yn dy feddwl di ac yn mynnu dy fod yn ei ddatblygu? Siâp ei drwyn neu rywbeth felly?

Ie, wel, ie, rhywbeth felly. O fy safbwynt i, rwy'n credu fy mod i'n dueddol o feddwl ar ben fy hun, wrth yrru yn y car er enghraifft, heb fod yna ormod o ddylanwadau allanol. A wedyn pan fod gen ti ryw fath o syniad…

Ond sut mae rhywun yn meddwl mewn ffordd sydd yn mynd i esgor ar nofel?

Wel ti jyst angen gwybod bod digon o swmp iddo fe, ac y byddet ti'n gallu llanw lot o dudalennau. Mae e'n dod 'nôl i'r hyn o'n i'n ei ddweud yn gynharach, nad oes yna ddim greal sanctaidd, y gelli sgrifennu am unrhyw beth… nofel un diwrnod, a nofel gwbl wahanol y diwrnod wedyn. Does yna ddim un testun sy'n fwy nofelyddol nag un arall.

Fyddi di'n dechrau gyda golygfa?

Mae'n wir i ddweud fod yr olygfa olaf yn fy llyfr cyntaf gyda fi o'r dechrau un.

Yr olygfa olaf gyda'r camera?

Ie, ie. Rwy'n cofio ysgrifennu tudalen o driniaeth. Ond dyw e ddim yn debyg o gwbl i'r ffordd 'nath e droi allan, ond roedd e'n help o ran trefn gronolegol y peth.

Oeddet ti'n ymwybodol ar y pryd y byddai'r olygfa yna'n cael ei rhoi ar y diwedd?

O'n. Ac wrth ysgrifennu, o'n i'n ymwybodol nad oeddwn i'n mynd i ddod o hyd i well ffordd i orffen y peth.

Felly, roeddet ti'n ffocysu'n ôl wedyn?

O'n, mae'n dod yn fater o *join-the-dots* wedyn. Roedd golygfa ddechreuol gen i hefyd. Ac wedyn mae gen ti bellter rhwng dau bwynt, ac mae'n fater o ddewis ffordd o gyrraedd y naill oddi wrth y llall. Ond roedd y plot wrth gwrs mor denau gen i fel nad oedd gen i gymhlethdodau o'r math yna... doedd dim angen mapiau ac ati arna i. O'n i'n mynd o bennod i bennod, ac yn gweld dwy neu dair pennod ymlaen – anaml iawn o'n i'n sgrifennu mas o sync.

Oeddet ti'n ei chael yn anodd i dy ddisgyblu dy hun?

Na, na, o'n i'n mwynhau.

Felly, ti'n edrych ymlaen at fynd at yr ail?

Ydw. Rwy'n edrych ymlaen at fod yn y *zone* yna, i fenthyg ymadrodd peldroedwyr Americanaidd, pan ti'n mynd i eistedd wrth y cyfrifiadur a ti'n gwybod bod gen ti rywbeth i'w ysgrifennu. Ac mae'n sbort wedyn gan dy fod yn gwybod y medri ddiddanu dy hunan gyda be ti'n ei wneud. Mae'n wefr wrth fynd, ac mae'n bwydo'i hunan. Mae trwch tudalennau hefyd yn help i fwrw ymlaen. Gyda'r gyntaf,

roeddwn i'n ffeindio fe'n help i argraffu copi caled a'i ddarllen e bob hyn a hyn – dyw e ddim yr un peth â darllen ar y sgrîn.

Wyt ti'n trio sgwennu swm arbennig o eiriau bob dydd wedi cyrraedd cyfnod arbennig yn y project?

Na, na, ti'n ffurfio gwerthusiad eithaf personol o'r hyn sy'n cyfrif fel sesiwn dda. Galle fe fod yn baragraff, yn gwpl o gannoedd neu filoedd o eiriau... ond y peth i watsio yw unwaith ti wedi dod dros ryw broblem mae'n bwysig cadw i fynd, achos ti'n gallu teimlo dy fod wedi cracio rhywbeth ac yna rhoi gwobr i dy hun a falle gwneud rhywbeth hurt fel edrych ar y teledu am weddill y noson. Y gyfrinach yw peidio â gadael i unrhyw fuddugoliaeth ti'n ei chael wrth fynd fod yn fuddugoliaeth ry fawr; dy fod ti'n parhau i fynd 'nôl – awr i ffwrdd neu rywbeth a dyna ni.

Ti'n trio gofalu pan fyddi'n dod yn ôl at y gwaith y tro wedyn, bod gen ti edefyn sydd yn mynd i esgor ar rywbeth, heb adael y trywydd yn oer?

Ydw. O'n i'n ffeindio fe'n help i nodi cwpl o eiriau wrth i mi feddwl am hyn a'r llall wrth ysgrifennu. Os ti'n gadael cliwiau, ti'n gallu mynd yn ôl ato fe wedyn a chael rhyw fan cychwyn. Peidio gadael y trywydd yn hollol oer – ti'n iawn – dyna'r peth.

Felly pan fyddi di'n cychwyn ar dy gyfnod ysgrifennu, beth fydd y patrwm? Ti'n dweud dy fod yn mynd i gymryd amser nawr i roi trefn ar bethau cyn dechrau go-iawn...

Ie, falle wna i gymryd rhyw fis o'r chwech er mwyn gwneud hynny. Ond y dyfyniad o'n i am ddweud gynnau gan Don

De Lillo oedd: *'the novel is a meat-eating form, it devours everything'*. A rwy'n credu bod hynna'n wir. Sôn am y nodiadau yna – mae'n gallu mynd yn obsesiwn. Ti'n teimlo'r rheidrwydd i gofnodi popeth i fwydo'r nofel. A ti'n meddwl am yr holl bethau yna ti wedi eu clywed ac na wnest ti eu cofnodi nhw, a ti'n cicio dy hun. Rwyt ti'n darganfod ei bod hi wastad yn ddawn sydd gan bobl eraill. Ac er dy fod ti'n meddwl y gelli di ysgrifennu deialog ddoniol, ti'n aml yn cael dy hun yn brin o linell. Mae e wedi digwydd lot i fi, nes fy mod i wedi troi at linellau penodol.

Rwy'n gallu mynd yn boen. Os rwy'n meddwl fy mod i'n siarad yn dda, fy mod i'n perfformio heno fel petai, ti'n cael dy hun wedyn yn ceisio cofio beth rwyt ti wedi ei ddweud, a beth mae pobl eraill wedi ei ddweud. Rwy'n recordio weithiau, heb i neb wybod, rownd y tŷ a phethau. Ond does dim amynedd gen i i wrando'n ôl, i fynd trwy'r holl gasetiau! Rwy'n ceisio disgyblu fy hun hefyd i gario'r llyfr nodiadau gyda fi ble bynnag rwy'n mynd. Ond mae'n rhyfedd o beth... roeddwn i'n darllen am Gwyn Thomas y Rhondda, ac roedd e'n ffeindio bod cofnodi syniad yn ei ladd e cyn dechre. Falle mai ysgrifennu gormod oedd e. Falle mai'r gyfrinach yw ysgrifennu dim ond digon i'th atgoffa wrth droi'n ôl ato fe.

Galle'r pwt o nodyn wedyn d'atgoffa o rywbeth yr un mor ddiddorol ond gwahanol efallai?

Ie, rhywbeth i stopio ti rhag sefyll yn dy unfan.

Sut fyddi di'n treulio'r mis cyntaf yma 'te?

Mae gyda fi driniaeth – *abstract* – o fath, wnes i sgrifennu sbel yn ôl...

Pan o'n i'n cyrraedd y tŷ, roeddet ti'n dweud nad oedd gen ti unrhyw syniad, a rŵan ti'n dweud bod gen ti driniaeth!

Wel, tydw i ddim yn argyhoeddiedig bod e'n ddigon da, y galle fe weithio'n iawn. Achos mae syniadau yn eu hanfod yn bethau eitha amrwd, a'r ffordd ti'n dodi fe at ei gilydd sy'n allweddol. Fe allet ti roi unrhyw nifer o enghreifftiau o syniadau, e.e. y nofel ddiwethaf: dyn yn mynd i rywle i geisio ymweld â'i gyn-gariad – galle fe fod yn blot *Neighbours*, neu Odysseus yn dod adref ar ôl teithio'r byd ac yn mynd yn ôl at Penelope... does dim i wahaniaethu'r syniad. Ond os wyt ti'n gallu dweud ar y diwedd fod dy syniad a'r ffordd mae e wedi ei weithio *ddim* yn cyfateb yn gymwys i un o blotiau *Pobol y Cwm*, yna ti ar y trywydd iawn.

Beth am rythm? Wyt ti'n anelu at gyrraedd pwynt arbennig yn y sgwennu erbyn y dyddiad a'r dyddiad?

Na, na! Rwy am ysgrifennu nofel hirach y tro hyn. Mae angen mwy o nofelau hirach yn Gymraeg. Alla i ddim meddwl am yr un, oni bai am *Dan Gadarn Goncrid* Mihangel Morgan a gwaith Wil Garn, sydd yn fwy na 250 o dudalennau yn y cyfnod diweddar iawn...

Ti'n mynd i sgwennu *Underworld* arall?

Bydden i'n hoffi! Wedi dweud hynna, falle 'neith e weithio mas o'i natur ei hun yn ryw 50,000 o eiriau, yn debyg i'r un ddiwethaf, sy'n fyr o ran nofelau Saesneg, sy'n dueddol o fod yn 60,000 o leiaf. Ond mae angen i nofelau Cymraeg fod yn rhai sy'n para mwy na dau ddiwrnod, fel dy fod ti ddim yn darllen jyst stori fer hir.

Ie, rhywbeth sy'n rhoi'r pleser i ti o deimlo bod rhywun wedi ymlacio i mewn i'r peth... a threulio amser yn ymgartrefu oddi mewn i'r nofel, heb edrych ar ei wats. Roeddet ti'n dweud y byddi'n ceisio mynd i'r llyfrgell...

Ond mae hynny hefyd yn gallu troi allan i fod yn syniad yn hytrach na gweithred, ond bydda i'n bendant eisiau cyfnod eithaf tawel ar y dechre tan fy mod i'n teimlo'n ddigon cyfforddus i ddechrau sgrifennu rhywbeth, a wedyn fydd e ddim yn broblem.

Beiro weithiau?

Na, cyfrifiadur: mae un newydd ar ei ffordd. Bydda i siŵr o fod yn gweithio lan llofft yn fy stafell, wrth fy nesg rywfaint bach. Mae'n annhebygol y bydda i'n cael cerddoriaeth yn y cefndir, ond falle ambell dro, *jazz* eitha ysgafn. *Nice!*

Pa mor aml ti'n amrywio lle ti'n gweithio? Ydi o'n fympwyol?

Wnes i ddim lot o amrywio gyda'r un gyntaf.

Ond roeddet ti'n fyfyriwr yn doeddet, felly roedd hynny rywfaint yn wahanol?

Oeddwn. Falle y do i i lawr fan hyn i'r stafell fyw am ychydig, ond falle hefyd pan fydda i'n ysgrifennu, y bydda i'n mynd i'r llyfrgell.

Pa lyfrgell?

Llyfrgell fawr, nid llyfrgell fechan – dwi'n eu ffeindio nhw'n ddiflas iawn, yn llawn o fywgraffiadau pobl fel Edward Heath. Falle llyfrgell y coleg.

Fyddi di'n codi yr un amser bob dydd?

Bydda i'n trio. Mae lot o bobl wedi dweud wrtha i fod nifer o awduron yn gweithio'n gynnar yn y bore, dechrau am chwech ac ysgrifennu tan ddeuddeg. Dydw i ddim yn credu y gwna i hynna. Er rwy'n hoffi'r syniad o sgrifennu'n gynnar iawn yn y dydd hefyd, cyn bod neb arall o gwmpas. Ti'n teimlo dy fod ti'n dwyn amser oddi ar bawb. Mae'n deimlad da.

Ond ydi hynny'n golygu dy fod ti'n gorfod mynd i'r gwely'n gynnar?

Ydi falle, ond rwy wedi arfer codi'n gynnar, am bedwar er mwyn y BBC... gobeithio y bydd hynny'n ymarfer da. Ro'n i hefyd yn arfer hoffi sgrifennu'n hwyr – ddim dy fod ti wastad ar dy orau yn hwyr yn y nos.

Faint o oriau fyddet ti'n eu treulio ar y peth mewn diwrnod, nid o angenrheidrwydd yn ysgrifennu... neu ydi hi'n anodd meddwl felly?

Wel, ie, ti ar alwad drwy'r amser mewn ffordd, heb swnio'n rhy ffuantus. Ti methu osgoi cofnodi neu amsugno pethau diddorol sy'n digwydd o'th gwmpas. Ond wrth gwrs, mae'n gallu amrywio.

Falle dy fod ti'n rhywun sydd yn cael ysgrifennu'n eitha rhwydd, dy fod ti ddim yn gorfod tynnu gwaed o garreg?

Falle, er bod gorfodaeth yn bwysig. Falle fy mod i angen rheolau fwy ar gyfer rhywbeth fel traethawd. Fydda i ddim yn rhoi gormod o bwysau arna i fy hun i ysgrifennu rhywbeth bob dydd.

Beth wnaeth wneud i ti feddwl dy fod ti'n gallu ysgrifennu?

Athrawon siŵr o fod. Ond wedi dweud hynna, roedd e'n rhywbeth mwy personol hefyd, ond athrawon oedd yn rhoi'r sicrwydd i ti roeddet ti angen ei glywed.

Oeddet ti bob amser yn un oedd yn darllen llawer o nofelau?

Oeddwn. O'n i wastad wedi darllen eitha tipyn. Ond ti byth yn gwybod bod ti'n gallu ysgrifennu nofel tan i ti wneud.

Ond dwyt ti ddim yn meddwl bod y peth yn rhywbeth pragmataidd i raddau helaeth hefyd, mater o ddysgu? Iawn – gall rhai pobl ei wneud o'n well nag eraill, ond siawns nad oes angen unrhyw lol fel awen er mwyn cyflawni'r peth?

Cytuno. Dyw fy nofel i ddim yn ysbrydoledig o gwbl.

Mater o waith? Mater o ddarganfod ffordd o'i wneud o'n bosib?

Os wyt ti'n ffeindio arddull sy'n dal dŵr...

Mae'n siŵr mai dyna sydd fwyaf anodd ar y cychwyn?

Ie, doeddwn i byth yn siŵr o hynny, achos fy mod i'n gwybod mwy o eiriau Cymraeg mawr na rhywun sydd ddim wedi gwneud gradd mewn Cymraeg neu ddarllen llyfrau Cymraeg, neu beth bynnag, doeddwn i ddim eisiau defnyddio Cymraeg sy'n Gymraeg annaturiol.

Er ei fod e'n rhan o dy fywyd di, ac felly'n naturiol i ti?

Wel. Doeddwn i ddim eisiau ysgrifennu Cymraeg llyfr yn fy llyfr i. Ond do'n i ddim eisiau sgrifennu bratiaith chwaith.

Wyt ti'n teimlo felly fod pethau fel yna yn pennu natur yr hyn sy'n bosibl i'w ysgrifennu yn Gymraeg?

Ydw. Wrth sôn am safonau 'llenyddol', a thrio pennu safonau llenyddol, y perygl mawr yw dy fod ti'n safoni rhai pethau, rhai profiadau, allan o fodolaeth yn llwyr. Allan o fodolaeth benodol Gymraeg, hynny yw.

Neu efallai bod rhai geiriau yn cael eu rhoi yn yr un lle yn y geiriadur dwyieithog, ond oherwydd eu bod nhw'n eiriau sy'n cael eu defnyddio'n wahanol yn y ddwy iaith, mae'n golygu nad wyt ti'n medru defnyddio'r gair arbennig yna o dan yr un amgylchiadau?

Ie, mae'r bwlch sydd rhwng Saesneg safonol a llafar yn llawer llai na'r un rhwng Cymraeg safonol a llafar, a rwy'n credu bod hynna'n llestair mawr i ysgrifennu yn Gymraeg. Mae'r pwyslais hollbresennol ar Gymraeg safonol yn llestair anhygoel i ysgrifennu creadigol yn Gymraeg. Mae ffurfiau berfol egsotig yn Gymraeg yn lladd creadigrwydd. Mae hynny'n rhywbeth rwy'n ei deimlo'n eitha cryf.

Roeddwn i'n sôn gynne am y ffordd sgwennes i'r nofel yn wreiddiol – roedd Huw Meirion Edwards wedi cywiro'r orgraff, yr iaith, y gramadeg (nid bod gormod o gam-gymeriadau!) ond roedd e wedi cael ei gysoni. Ac yn aml, roedd pethau fel yna roeddwn i'n anghytuno â nhw – cywiro gramadegol, cenedl ambell air, terfyniadau ac ati. Mi wnes i gytuno yn y diwedd, ond o'n i'n teimlo'n eitha cryf am y peth; o'n i'n ysgrifennu fel o'n i'n siarad, ac o'n i'n teimlo ei fod e'n bwysig – nid bod yn llac, ond doeddwn i ddim am i fy ngeiriau tafodieithiol i fod yn gaeth i'r eirfa gwbl safonol. Ti'n meddwl am Irvine Welsh, neu James Kelman yn fwy penodol falle, a'r ffordd mae e'n sgrifennu…

Beth am ddrafftio?

Pan o'n i'n sgrifennu fy nofel gyntaf, o'n i ddim yn arbenigo ar y peth, yn amlwg, a weithiau pan fydden i moyn cael hwyl, bydden i'n darllen un o'r llyfrau yma, *Teach Yourself to Write a Novel*. A meddwl, o ie, alla i wneud hwn. A'r un hen gnau wyt ti'n gael: *'write your first draft with your heart, and the second with your head. .*

Maen nhw'n sôn lot am bedwar, pum drafft, ond dydw i ddim yn siŵr be maen nhw'n ei feddwl wrth ddrafft… y drafft oedd gyda fi oedd sgrifennu fe, cywiro sillafu, torri allan pethau oedd yn amlwg ddim yn gweithio. Oni bai bod y byd cyhoeddi Saesneg yn ei haerllugrwydd yn priodoli drafft i bwt o beth.

Hen beth poenus fyddwn i'n meddwl!

Mae'n bwysig gwneud falle… ac ailddarllen… a hefyd, wrth gwrs, mae'n siŵr ei fod e'n gallu bod yn gymaint o wefr ychwanegu hanner brawddeg hollbwysig ag yw e i ysgrifennu'n y lle cyntaf. Gall fod yn broses greadigol ynddi ei hun. Ond rwy'n casáu ailddarllen fy stwff fy hun, traethodau'n fwy na dim falle. Ond roedd hynny gan amla, oherwydd fy mod i'n magu persona oedd ddim cweit yn ffitio, persona falle nad oedd yn ddilys.

Falle fod hynna'n un rheswm da dros sgwennu ffuglen?

Ie, falle dyna pam rwy'n fwy hyderus yn ysgrifennu ail nofel yn hytrach na PhD… falle mai dyna'r rheswm rwy'n chwilio amdano fe!

Cyfrolau gan Owen Martell:

Cadw dy Ffydd, Brawd, 2000

Rhai nofelau diweddar o'r Lolfa . . .

Arwel Vittle
Dial yr Hanner Brawd
0 86243 661 3
£6.95

Caryl Lewis
Dal Hi!
0 86243 662 1
£6.95

Eirug Wyn
Bitsh!
0 86243 644 3
£6.95

Mihangel Morgan
Pan Oeddwn Fachg
0 86243 648 6
£5.95

Mihangel Morgan
Y Ddynes Ddirgel
0 86243 575 7
£5.95

Lyn Ebenezer
Dim Heddwch
0 86243 521 8
£5.95

Daniel Davies
Pelé, Gerson a'r Angel
0 86243 576 5
£5.95

Emyr Huws Jones
O'r Canol i Lawr
0 86243 523 4
£6.95

Am restr gyflawn o nofelau cyfoes
Y Lolfa, a phob math o lyfrau
eraill diddorol, mynnwch gopi o'n
Catalog lliw – neu hwyliwch i
mewn i'n gwefan
www.ylolfa.com
lle gallwch archebu ar-lein.

TALYBONT, CEREDIGION, CYMRU SY24 5AP
ebost ylolfa@ylolfa.com
gwefan ylolfa.com
ffôn (01970) 832 304
ffacs 832 782